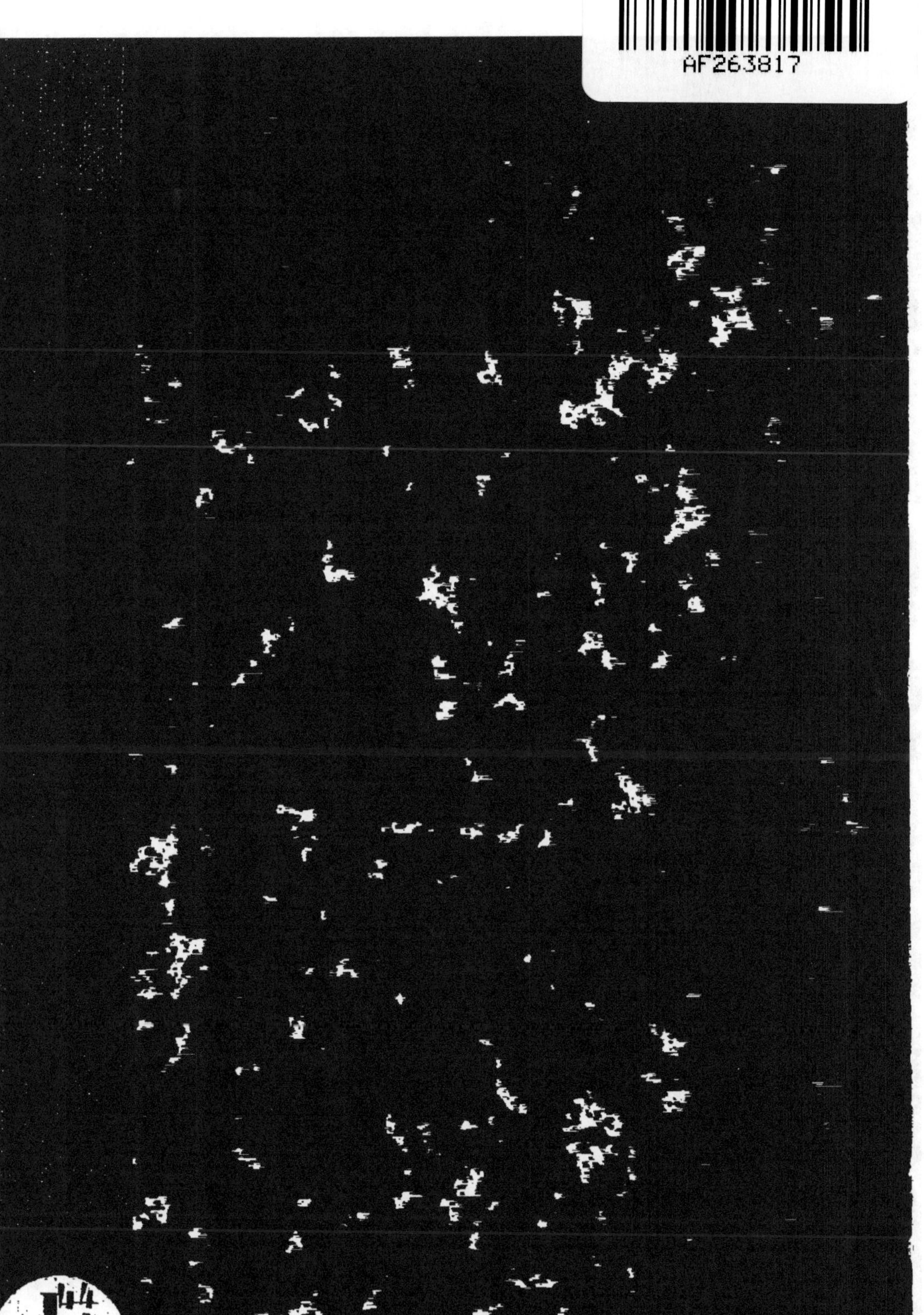

DOCUMENTS

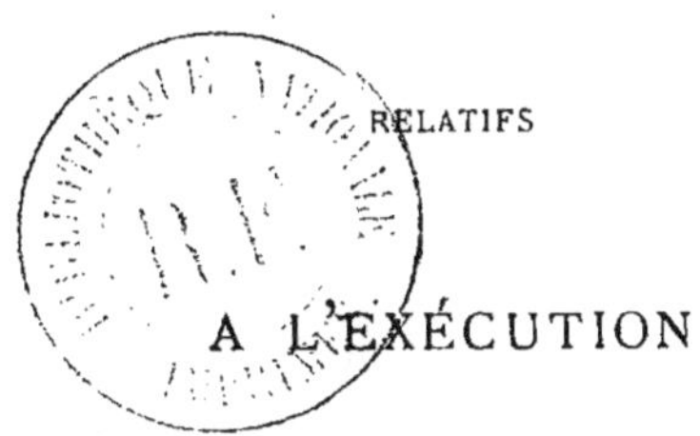

RELATIFS

A L'EXÉCUTION

DU DÉCRET DU 5 FÉVRIER 1810

PARIS

LIBRAIRIE A. FRANCK

F. VIEWEG, PROPRIÉTAIRE

RUE RICHELIEU, 67

—

1872

Extrait de la *Revue critique d'histoire et de littérature*, 1870, t. II.

Nogent-le-Rotrou, imprimerie de A. Gouverneur.

Le 5 février 1810, Napoléon Iᵉʳ rendit un décret contenant règlement sur
l'imprimerie et la librairie, qui portait entre autres dispositions : Art. 1ᵉʳ. Il y
aura un directeur général, chargé, sous les ordres de notre ministre de l'intérieur,
de tout ce qui est relatif à l'imprimerie et à la librairie. Art. 10. Il est défendu
de rien imprimer ou faire imprimer qui puisse porter atteinte aux devoirs des
sujets envers le souverain, et à l'intérêt de l'État. Art. 12. L'imprimeur remettra
ou adressera sur le champ au directeur-général de l'imprimerie et de la librairie
et en outre aux préfets copie de la transcription faite sur son livre (du titre de
chaque ouvrage qu'il devra imprimer et du nom de l'auteur) et la déclaration
qu'il a l'intention d'imprimer l'ouvrage..... Art. 13. Le directeur-général pourra
ordonner, si bon lui semble, la communication et l'examen de l'ouvrage et surseoir à l'impression. Art. 14. Lorsque le directeur-général aura sursis à l'impression d'un ouvrage, il l'enverra à un censeur..... Art. 15. Notre ministre de la
police générale et les préfets dans leurs départements feront surseoir à l'impression
de tous les ouvrages qui leur paraîtront en contravention à l'art. 10 : en ce cas,
le manuscrit sera envoyé dans les vingt-quatre heures au directeur-général.....

Le comte Portalis fut d'abord nommé directeur-général, il fut destitué par
décret du 4 janvier 1811; il eut pour successeur le général baron de Pomme-
reul nommé le 11 janvier de la même année. Les censeurs étaient d'abord Ch.
Lacretelle, Sauvo, De la Salle, Des Renaudes, Schiaffino, Esménard, Le Montey,
de Dampmartin.

Chaque semaine on dressait dans les bureaux de la direction générale un
bulletin mentionnant les manuscrits examinés par les censeurs avec les propositions faites par eux, un résumé de leur rapport et la décision prise par le directeur. On mentionnait aussi les faits relatifs à la librairie et à l'imprimerie qui
paraissaient le plus importants. La ville qui a été le siége des différentes opérations est toujours indiquée. A la marge est un numéro d'ordre pour chaque
opération. Nous avons trouvé dans les papiers d'un ancien employé au ministère
de l'intérieur un registre portant copie de ces bulletins hebdomadaires depuis la
dernière semaine de septembre 1810 jusqu'à la dernière du mois de décembre
de la même année inclusivement, plus, sur des feuilles volantes, les bulletins
hebdomadaires des trois premiers mois de 1814. Le tout a été déposé aux Archives nationales.

Nous donnerons ici des extraits de ces bulletins. Chacun est précédé de son
numéro d'ordre, et du nom de la ville à laquelle se rapporte l'opération. Tous
ceux qui ne portent pas de nom de ville se rapportent à Paris. Tous les bulletins
pour lesquels nous n'avons pas mentionné l'année 1814 se rapportent à 1810.
Nous avons distribué les bulletins sous différents chefs afin de rapprocher ceux
qui expriment les mêmes tendances.

Charles THUROT.

Tranquillité publique.

268. Le libraire Nicolle a suspendu ses paiemens cette semaine, et l'on annonçait un déficit de 900,000 francs à un million. Ses créanciers se sont réunis. Il paraît que les plus considérables ont desintéressé les petits, et M. Nicolle est rentré, avec leur consentement, à la tête de ses affaires, sous condition d'avoir payé toutes ses dettes dans cinq ans. On a voulu prétendre que la suppression de l'ouvrage de Mme de Staël[1] était la cause de cette faillite, mais on ne peut évaluer sans exagération à plus de 30,000 fr. les frais que cet ouvrage a pu coûter au Sr Nicolle, et cette somme n'a pu entraîner sa ruine. Il faut remarquer que les nouveaux libraires, et spécialement celui-là, font de trop grandes affaires. Il lui fallait chaque mois de 100 à 120,000 fr. pour ses paiemens. La librairie, quelque florissante et quelque profitable qu'elle puisse être, ne comporte pas un tel mouvement d'argent. Il faut nécessairement compter sur le succès.de certains ouvrages de parti, pour espérer de telles rentrées ; mais aujourd'hui il ne doit plus paraître d'ouvrages de parti, et dès lors un bon ouvrage ne peut s'écouler que lentement. Quand l'opinion n'a pas de fantaisie, on ne s'arrache pas les livres ; il est nécessaire que la littérature prenant cette assiette tranquille qui lui convient, et quittant ce ton frondeur, chagrin ou aggressif qu'on lui avait donné le siècle passé, la Librairie change d'allure et devienne le commerce de livres de bibliothèque et d'instruction, et cesse d'être celui des brochures séditieuses.

36. *De l'industrie nationale de l'homme dans son état de civilisation* par M. Maillet, magistrat de sûreté de l'arrondissement de Montluçon... Les Censeurs reculent devant de pareilles productions. Ils voudraient pour l'honneur de notre littérature s'armer contre eux des rigueurs de la critique. Mais le Directeur général de la Librairie pense qu'il doit être permis de déraisonner à ceux qui ne nuisent ni à l'État ni aux mœurs par leurs mauvais raisonnements, et qu'un livre qui, de sa nature, ne peut avoir ni acheteurs, ni lecteurs ne saurait faire tort à notre littérature.

8. (*Strasbourg.*) L'examen ordonné des almanachs qui s'impriment en cette ville, a prévenu l'insertion de diverses prophéties politiques, qui paraissaient dictées par la malveillance, ou au moins par l'irréflexion ; on annonçait une grande révolution dans un État voisin, la mort de quelques grands princes, etc., etc.

96. (*Bordeaux.*) Le sieur Coudère, imprimeur de cette ville, voulait réimprimer les pièces du célèbre procès du Sr Ponterie Escot. Le Directeur général de la Librairie lui en a fait défenses expresses, après s'être convaincu par l'avis de MM. les Préfets de la Gironde et de la Dordogne que cette réimpression était propre, sur les lieux où la scène s'était passée, à réveiller des haines et à troubler l'ordre public.

97. (*Strasbourg.*) Par sa lettre du 17 octobre M. le Préfet du Bas-Rhin fait

---

1. Sur l'Allemagne.

connaître qu'il a fait disparaître de plusieurs almanachs soumis à son examen par ordre du Directeur général de la Librairie, des chansons et des traits propres à exciter les uns contre les autres les divers corps de métiers et à donner lieu à des rixes.

143. (*Bruges.*) Le Préfet du département de la Lys, d'après les instructions du Directeur général de la Librairie, a fait retrancher d'un almanach pour 1811 un article relatif à la désertion du général Sarrasin.

325. (*Laon.*) M. le Préfet du Département de l'Aisne a interdit la vente d'un petit imprimé contenant un recueil de faits atroces et heureusement denués d'authenticité, tendants à effrayer les esprits, à jeter des doutes sur la sûreté des personnes et à calomnier le gouvernement de Sa Majesté et la nation française. Cette mesure est la suite des instructions données à MM. les préfets par le Directeur général de la Librairie.

Esprit monarchique. Personne de l'empereur.

2. Saisie de 240 exemplaires d'un ouvrage obscène, imprimé pour le compte de M. Paloy, qui en était l'auteur, en contravention au reglement du 5 février 1810, sans nom d'auteur, sans nom d'imprimeur, sans déclaration préalable. Ce Paloy a eu quelque célébrité pendant la révolution. C'était un des fameux patriotes du faubourg Saint-Antoine. L'Assemblée constituante lui avait concédé la propriété des terrains de la Bastille, dont il envoyait des pierres à toutes les communes. C'est un bon vivant qui a jugé à propos d'écrire, en très-mauvais style, l'histoire fort sale de ses amours avec une fille du Palais-Royal. Il a consenti gaiement à la saisie moyennant quelques exemplaires qu'on lui a laissés de sa joyeuse œuvre. Il professe une haute admiration et un vif attachement pour la personne de Sa Majesté, et il exprime ses sentimens d'une manière assez piquante, en style de 1789.

10. Pourquoi ne remarque-t-on pas, à ce sujet, combien il serait desirable qu'on pût distinguer de tant de productions indigestes qui paraissent sur l'histoire de notre tems, deux cents pages éloquentes, riches de faits non encore exposés et appuyés sur les témoignages les plus authentiques, qui retraçassent la gloire de la patrie et de son auguste chef sous des couleurs vives et nobles et qui pussent familiariser les élèves des Lycées avec les hauts faits du fondateur de l'Empire, comme ils le sont avec ceux des héros de l'antiquité, qui gravassent dans leur mémoire les noms des batailles d'Iéna et de Friedland, comme le sont ceux des batailles d'Arbelles ou de Marathon, et qui leur fît connaître au moins aussi bien l'origine du Code Napoléon que celle des douze Tables. Un des torts de notre éducation moderne a toujours été de nourrir exclusivement la jeunesse de souvenirs étrangers. Les générations élevées par l'Université impériale doivent être nourries avec notre propre histoire : c'est là, surtout, qu'elles puiseront les sentimens d'admiration, d'amour et de fidélité qui doivent les attacher à l'Empereur et à son auguste race. C'est ainsi et ainsi seulement que l'Université remplira le but de son institution. Un mot, un signe pourraient nous donner les

ouvrages classiques dont nous aurions besoin, et les plumes les plus exercées et les plus éloquentes brigueraient à l'envi l'honneur de les tracer.

17. Suivant le même censeur (Lacretelle), le second de ces ouvrages (*Précis historique et politique de la révolution française et des événemens qui l'ont suivie jusqu'au mariage de l'empereur*) est aussi mal pensé que mal écrit. Les inconvenances y sont si multipliées que des corrections ou des retranchemens ne pourraient remédier à un ensemble vicieux. Les intentions de l'auteur ne paraissent pas mauvaises, mais son républicanisme concorde mal avec la soumission qu'il professe pour l'ordre actuel. C'est d'un autre ton et d'une autre manière qu'il faut peindre de tels sujets.

18. Le Directeur général de la Librairie a fait arrêter la vente des 7°, 8° et 9° volumes du *Dictionnaire historique et biographique* de Prudhomme, parce qu'ils étaient encore à l'examen. Cette mesure était d'autant plus necessaire que le 8° a besoin d'un carton. A l'article *Hennin*, ancien premier commis des affaires étrangères, homme dont le nom ne se serait sûrement pas trouvé dans un dictionnaire pareil, si dans un siècle où tout le monde écrit, on n'avait aussi la bizarre prétention d'écrire le nom de tout le monde, on parle, on ne sait pourquoi, d'un poème qu'il avait composé dans sa vieillesse, intitulé : l'*Illusion*, et qui est demeuré manuscrit. Dans cette production de la décrépitude d'un homme d'ailleurs estimable, il exhalait avec amertume ses regrets et son mecontentement de l'ordre de choses nouveau. Il faut laisser ce radotage dans la tombe de son auteur, et il est inutile d'exciter la curiosité des oisifs pour un pareil non sens. Le carton va être fait. L'ouvrage était commencé d'imprimer avant le 5 février 1810.

19. On ne parle pas de l'examen des nombreux almanachs qui se préparent pour 1811, et des corrections auxquelles il donne lieu. Mais les résultats du travail seront de rectifier à la longue les idées du peuple sur beaucoup de points. On sera probablement en mesure pour 1812 d'en diriger la composition, et on les remplira d'anecdotes, de chansons et de récits propres à entretenir le patriotisme et le dévouement à la personne sacrée de Sa Majesté et à la dynastie napoléonienne.

48. *La Bataille de Lodi*, poëme : monument pitoyable élevé à la mémoire d'un des plus mémorables faits d'armes dont l'histoire ait consacré le souvenir. L'auteur s'y montre ignorant des circonstances d'une action dont tous les Français connaissent les moindres détails. Du reste, il a traité son sujet sans autre inconvenance que celle qui résulte de son peu de talent.

83. *La Muse normande* par M. Baudin, frère de Baudin des Ardennes, député à la Convention. Les vers sont mauvais, mais l'esprit est bon. L'auteur adresse, jusques dans de plates fables, de fervens hommages au héros de la France et à son auguste épouse. On peut être bon français et faire mal les vers ; mais comme ceux-ci ne contiennent rien d'inconvenant ou de répréhensible, on a pensé qu'il fallait laisser exhaler à M. Baudin ses louables sentimens en méchantes rimes.

91. On a fait disparaître d'un autre (ouvrage) intitulé : *Le petit Théâtre de l'Univers*, une critique inconvenante de quelques préparatifs qui avaient eu lieu

pour les fêtes du mariage de LL. MM. II. et RR. Un si beau tableau doit être présenté sans ombre.

92. Le manuscrit dont le Directeur général a défendu l'impression est intitulé : *Panégyrique de l'Empereur.* L'auteur est un prêtre allemand qui paraît, avec de bonnes intentions, avoir recueilli dans l'Écriture tous les passages qui lui semblaient propres à louer Sa Majesté, mais qui l'a fait avec si peu de discernement, que son ouvrage n'est propre qu'à le couvrir d'un ridicule qui rejaillirait, si la chose était possible, sur les Livres saints et sur la personne sacrée de l'Empereur.

108. Une réimpression d'un livre intitulé : *Histoire de Bonaparte.* On a pensé que ce titre était inexact et inconvenant; on l'a remplacé par le suivant : *Mémoires pour servir à l'histoire des campagnes de Napoléon le Grand.* On a pareillement exigé la suppression de quelques détails sur les premières années de la vie du héros, et différens discours mis dans sa bouche en différentes circonstances. Il est trop difficile de traiter un pareil sujet dignement pour qu'on soit étonné de l'imperfection de tant d'ouvrages entrepris sur un thème si beau et si fécond. On souffre à voir travestir ou rendre en mauvais termes ce qui est grand et beau de sa nature. On serait tenté d'écarter tout autre qu'Apelle du soin de peindre Alexandre; mais il faut compâtir à l'empressement du Public qui ne peut voir ses images assez répétées et à la bonne intention des écrivains qui ne croyent pouvoir mieux employer leur plume. On s'est donc décidé à n'écarter de ce genre que ce qui blesse les convenances ou le devoir.

110. L'ouvrage intitulé : *Histoire des arts en France par les Monumens.* C'est une description du Musée des monumens français par leur conservateur, M. Alexandre Lenoir. L'auteur s'était laissé aller, à propos des Champs Elysées, à dire que les Dieux étaient une invention de l'ignorance; que le dogme de la vie future avait perfectionné la superstition et que les législateurs et les hiérophantes avaient corrompu et asservi les hommes. On l'a prié de modifier ces locutions qui attaquent l'existence de Dieu, l'immortalité de l'âme et le respect dû aux législateurs. On peut dans un ouvrage de philosophie discuter les points les plus importans de la religion naturelle, mais il ne faut pas dans un livre, pour ainsi dire populaire, glisser des maximes contraires à des dogmes qui n'appartiennent pas moins à la sociabilité qu'à la religion. Il ne faut surtout pas, dans de pareils écrits, représenter les législateurs comme des tyrans et des corrupteurs. C'est sans doute par inadvertance que de semblables expressions s'étaient glissées sous la plume de l'estimable M. Lenoir, et ici la censure l'a servi en servant l'État.

117. (*Lyon.*) Les bons effets de l'examen des almanachs par les Préfets s'y font sentir. M. le Cte de Bondy marque par sa lettre du 27 octobre qu'il a fait retrancher de l'Almanach des Muses de Lyon une pièce qui pouvait prêter à des applications politiques qu'il était convenable de prévenir.

129. Les 5e et 6e parties du même ouvrage (*Histoire des généraux français* par M. de Chateauneuf). Elles contiennent des notices sur les Généraux Kléber, Massena, Desaix et Latour-d'Auvergne. La notice sur Kleber était terminée par un éloge démesuré que la malveillance ou la sottise aurait pu faire envisager

comme un trait lancé d'une main impuissante contre une gloire et une renommée au dessus de toutes les gloires. Cet éloge a disparu.

164. *Sentiment impartial sur l'Exposition de* 1810. On a fait disparaître..... une phrase ambitieuse de l'auteur sur la durée des Empires.

187. Le tome 1er d'un ouvrage intitulé : *Abrégé de l'Histoire romaine depuis la fondation de Rome jusqu'à la translation de l'Empire à Constantinople, enrichi de* 34 *estampes représentant* 102 *sujets historiques.* Ce volume s'étend jusqu'à la fin de la 3e guerre punique. L'auteur a mis à contribution Anquetil, Rollin et Vertot. Il les cite quelquefois ; il les transcrit même, quand il croit y trouver des réflexions remarquables : il s'attache à développer les traits d'histoire qui forment le sujet des gravures. Son style est clair et coulant. En général, tous ces abréviateurs historiques qui écrivent pour les enfants, ne songent pas assez aux tems et au pays dans lesquels ils écrivent. Leurs jugemens devraient avoir pour base les intérêts présens de l'Etat et les devoirs naturels des sujets. Ce serait le seul moyen de rendre leur travail, non seulement sans danger, mais d'une utilité incontestable, et cette méthode aurait encore l'avantage de doubler leur mérite comme auteurs en leur imprimant ce caractère d'originalité qui leur manque. Le Directeur général de la Librairie, après avoir agi sur les ouvrages populaires dont il s'occupe de rectifier la direction en ce moment, entreprendra, si le Ministre de l'Intérieur l'approuve, et si Sa Majesté l'agrée, d'étendre une utile réforme sur les ouvrages et les compilations destinés à l'enfance. C'est un objet important ; les premières impressions doivent porter au fond du cœur et graver dans l'esprit encore tendre des enfans les sentimens et les opinions qui doivent les gouverner toute leur vie. C'est ainsi que dans les écoles du premier âge, on enseignait à Rome les Lois des douze Tables.

195. *Beautés historiques de la Maison d'Autriche.* C'est une Compilation de l'histoire de la maison d'Autriche assez rapidement tracée, sans esprit de système et avec l'intention de l'impartialité. Les retranchemens consistent en un prétendu mot de l'empereur Rodolphe, qui prétendait que Rome ressemblait à l'antre de la fable, et qu'il ne fallait pas que les Rois y allassent parce qu'ils n'en revenaient plus ; et en un autre apophthegme de l'Empereur Charles Quint contre la nature humaine. Au reste les réflexions faites plus haut à l'occasion de l'Abrégé de l'Histoire romaine trouveraient ici leur application, et d'autant mieux qu'il s'agit d'une histoire moderne.

218. Une nouvelle édition d'un livre allemand destiné à l'instruction de la jeunesse. On a exigé que l'éditeur refondît la partie géographique de son livre destiné aux écoles des départemens du Rhin et le mît en harmonie avec la constitution actuelle de la France et de l'Europe. On a exigé de plus qu'il retouchât la partie historique pour en faire disparaître ce que les circonstances proscrivent et pour y insérer les faits glorieux qui ont accompagné et suivi la fondation de l'Empire et que les livres scolaires doivent de bonne heure enseigner à nos enfans.

239. Un manuscrit intitulé : *Epitome rerum gestarum a Napoleone Magno.* Cet ouvrage destiné aux jeunes gens qui apprennent le latin est remarquable par le

choix du sujet et le mérite de l'exécution. L'auteur a rempli une partie des vœux que nous avons exprimés plusieurs fois, en nous donnant un livre élémentaire latin et vraiment national, que l'on pourra mettre entre les mains des enfans à côté de l'*Appendix de Diis* et (de) l'*Epitome rerum gestarum a viris illustribus*. L'ouvrage commence à la guerre d'Italie en 1796 et finit au mariage de l'Empereur. L'admiration la plus franche pour le héros qui nous gouverne se manifeste à chaque instant. Les faits d'ailleurs sont en général bien choisis, bien racontés. Le latin est presque toujours pur et même élegant. Il présente de très heureuses imitations de Tite Live. Les corrections qu'on a exigées tiennent à quelques traits un peu trop forts contre la Révolution, à quelques expressions trop avantageuses aux Anglais, au retranchement de quelques faits inutiles ou inconvenans. L'auteur de cet ouvrage est M. Blancvillain; il mérite encouragement et récompense.

245. Le second numero d'un écrit intitulé : *Sentiment impartial sur le salon de* 1810. Ce numéro est assez piquant, en général bien écrit et de bon goût. On n'a eu qu'à faire disparaître quelques expressions qui ne sentaient pas assez le respect et qui avaient échappé à l'auteur en parlant de Sa Majesté.

256. *De la conservation des femmes, ouvrage utile à la population* par le Docteur Alphonse Leroy . . . .
. . . . . Il saisit avec empressement l'occasion de rendre à S. M. l'Empereur et à S. M. l'Impératrice, un hommage dicté par l'enthousiasme et cette profonde reconnaissance qui anime tous les Français.

281. Les 4e, 5e et 6e volumes de l'*Histoire générale et raisonnée de la diplomatie française depuis la fondation de la monarchie jusqu'à la fin du règne de Louis XVI, avec des Tables chronologiques de tous les Traités conclus avec la France* par M. De Flassan. Cet ouvrage dont il a été fait mention dans les divers rapports faits à S. M. à l'occasion des prix décennaux, occupe un rang distingué au milieu de la frivolité actuelle de notre littérature. S'il paraissait pour la première fois, il aurait pu donner lieu à beaucoup d'observations. On se serait demandé si un tel ouvrage devait ou pouvait paraître sans le concours du gouvernement; s'il n'y a pas une certaine inconvenance à mettre, pour ainsi dire, l'autorité à nu, et à montrer à tous les yeux les ressorts secrets et fragiles de la grande machine politique; s'il n'est pas dangereux de faire connaître aux amis comme aux ennemis quel but on avait, quand on tenait tel langage, et de quels moyens on s'est servi pour arriver à ses fins. Mais l'ouvrage est déjà publié. L'ancienne diplomatie, même celle du règne de Louis XVI, est aussi vieille que si elle avait deux mille ans. Tout est changé autour de nous. Il ne s'agit pas seulement d'une nouvelle dynastie; ce sont les tems qui ne sont plus les mêmes. L'Empereur a commencé une nouvelle ère pour le monde politique : même l'ordre social, même l'art de gouverner, comme celui de vaincre et de combattre sont renouvelés en entier. Il ne restait qu'une difficulté. L'auteur ajoute à son ouvrage plus de mille pages de nouveaux matériaux. Il a eu à sa disposition les nombreux portefeuilles de M. de Breteuil : il y a puisé, et il ne se borne pas à publier des pièces déjà imprimées. Un Décret du 20 Février

1809 porte que les manuscrits des archives du Ministère des relations extérieures, soit que ces manuscrits existent dans les dépôts auxquels ils appartiennent, soit qu'ils en ayent été soustraits, ou que les minutes n'y ayent pas été
déposées, au terme des anciens règlemens, ne peuvent être imprimés et publiés
sans autorisation. L'article 2 ajoute que cette autorisation sera donnée par le
Ministre des relations extérieures, pour la publication des ouvrages dans lesquels
se trouvent des copies, extraits ou citations de manuscrits qui appartiennent aux
archives de ce ministère. Le Directeur général de la Librairie a en conséquence
écrit à M. le Duc de Cadore pour savoir s'il consentait à la publication de l'ouvrage de M. De Flassan. Son Excellence a répondu qu'elle ne voyait aucun inconvénient à ce que cet ouvrage fût soumis aux règles ordinaires de la censure. Le
Censeur a dû passer outre, et il a donné son approbation, après avoir engagé
l'auteur à faire disparaître une cinquantaine de phrases qui lui ont paru blesser
certain genre de convenance. Il résulte de son rapport que sous le point de vue
littéraire, l'ouvrage est plein de mérite, quoique le style n'en soit pas toujours
soutenu ; que les principes politiques et moraux en sont bons et sevères et tels
qu'il importe de les voir dans les livres, quoique la force des circonstances n'en
permette pas toujours l'application ; en un mot, qu'il est exempt de toute mauvaise intention.

291. Un ouvrage intitulé : *Manuel de l'adolescence, ou Entretiens d'un père avec
ses enfans.* Cet ouvrage consiste dans de petits entretiens d'un père avec ses
enfans sur la morale, l'histoire naturelle, la géographie, l'histoire, la mythologie.
On y a rectifié les notions erronées des mots *Monarchie, Royaume, Sujets,* et on
y a inséré quelques détails propres à inspirer aux enfans des idées justes de ce
qu'a fait pour la France l'auguste fondateur de l'Empire.

303. Un écrit intitulé : *Histoire de la belle Helaine de Constantinople mère de S^t
Martin de Tours en Touraine et de St Brice.* C'est ici un de ces opuscules qui composent la pacotille des colporteurs. On travaille à les épurer, et le Directeur
général de la Librairie se propose de les remplacer peu à peu, aidé de MM. les
préfets, par des écrits dignes du siècle et propres à entretenir dans les âmes et
à y rallumer les sentimens d'amour et de fidelité pour le souverain, l'esprit
d'honneur, de bravoure et de générosité qui doivent former parmi nous un véritable esprit national. Le petit écrit mentionné ici a été trouvé sans inconvénient.

317. Une nouvelle édition d'un ouvrage intitulé : *Livre général des rêves de
Cagliostro et de M. Menut de St Mesmin.* Cet écrit est destiné aux heureux (*sic*)
habituels de la loterie ainsi que toutes les autres nombreuses productions de son
auteur. Ces productions ridicules et bizarres ne profitent qu'à M. Menut de
St Mesmin, car les administrateurs de la loterie pensent qu'elles sont plus propres
à detourner les fonds qui lui sont destinés par la cupidité ou l'amour du jeu,
qu'à provoquer de nouvelles mises. Quoi qu'il en soit, l'auteur consacre les cinq
premières pages de son livre aux rêves qui retracent différentes actions de Sa
Majesté l'Empereur. Il serait trop sévère de considérer cette idée comme irrespectueuse, puisque les grandes choses qu'a faites l'empereur doivent naturellement

remplir de sa présence l'âme des Français dans toutes ses situations. Mais on a exigé le retranchement de trois rapprochemens maladroits que la malveillance ou la sottise aurait pu relever.

294. Au commencement du mois (décembre), le Directeur général de la Librairie avertit M. le Préfet de police, que, soit que l'on cherchât à placer des exemplaires d'un ouvrage intitulé : *la Biographie moderne*, autrefois saisi, soit, comme quelques personnes le pensaient, qu'on l'eût réimprimé sous le titre de *Dictionnaire des grands hommes de la Révolution ou des géans (sic) révolutionnaires*, des agens couraient et s'agitaient chez les libraires et bouquinistes de Paris pour en prendre des exemplaires à 96 francs. Les uns prétendaient que l'édition venait des Départemens, et d'autres, directement d'Angleterre. On assurait que l'Empereur et sa famille étaient très maltraités dans cette ouvrage. Les informations prises par M. le Préfet de police donnaient à penser que c'était du côté de Bruxelles que devait se diriger la surveillance. L'Inspecteur de la Librairie, à la résidence de Rouen, mande que, vers le 15 du courant, un individu inconnu dans cette ville y a offert cet ouvrage à plusieurs libraires qui l'ont refusé. Leur opinion est que c'est le reste de l'édition saisie à Paris en 1807. On continue à suivre cette affaire qui pourrait prouver que les ennemis de la France cherchent à continuer de sourdes hostilités par la voie des pamphlets et des calomnies.

324. (*Lyon.*) On a parlé dans le bulletin précédent des tentatives obscures faites à Paris et à Rouen pour placer des exemplaires de l'ancienne édition de la Biographie ou Dictionnaire biographique des personnages vivants ou morts qui ont joué un rôle dans la révolution, ou pour faire circuler des exemplaires d'une nouvelle édition dans laquelle le nom sacré de Sa Majesté et son auguste famille ne seraient pas respectés. L'Inspecteur de la Librairie à la résidence de Lyon mande en date du 22 du courant (Déc.) qu'on en a vendu en grand secret dans cette ville au prix de quatre louis. Il ajoute qu'aucun libraire ne s'en mêle ou ne parvient à s'en mêler, qu'on les chercherait en vain dans les magasins : qu'on ignore où est le dépôt et que les exemplaires se débitent par l'entremise de personnes étrangères à la librairie. Il espère obtenir quelques resultats plus certains de ses recherches ultérieures.

Royauté. Royalisme.

6. (*Florence.*) Saisie de six exemplaires de la traduction italienne du Cimetière de la Madeleine, qu'on voulait introduire en Toscane, et qui venait du Royaume d'Italie. Ce mauvais roman a l'inconvenient de revenir sur des circonstances trop près de nous pour appartenir à l'histoire, et qui ne doivent dans aucun tems être du domaine des romans.

63. *Le Prospectus d'un nouvel Emile* par un ancien professeur de l'Université retiré dans le département du Bas-Rhin. Il indiquait son héros comme un ancien seigneur forcé d'émigrer par la Révolution. On a fait disparaître cette indication. On n'a pas besoin d'avoir été émigré pour donner une éducation chrétienne à ses enfans.

69. Le Directeur général de la Librairie a fait saisir chez l'imprimeur Tiger et chez le libraire Montaudon 250 exemplaires d'un almanach pour 1811 intitulé : *Ludoviciana,* imprimé à Lille, arrivé, l'avant-veille, de cette ville et contenant le portrait et le testament de Louis XVI et un recueil d'anecdotes le concernant. Sur la couverture, on voyait d'un côté le Tems et de l'autre la Renommée.

Il est remarquable que les déclarations d'ouvrages viennent de faire connaître au Directeur général de la Librairie que dans les derniers jours du mois d'août, l'imprimeur Farge a imprimé pour le libraire Bonneville 2,000 exemplaires du Testament de Louis XVI. Un inspecteur de la librairie en suit la trace.

93. Le 22 (octobre), le Directeur général de la Librairie a fait rompre chez le sieur Farge, imprimeur, rue du Cloître S' Benoît, les formes d'un écrit intitulé : *Testament de Louis XVI,* que cet imprimeur avait déclaré devoir imprimer au nombre de 2000 exemplaires pour le compte du S' Bonneville, marchand d'estampes, rue S' Jacques, ainsi qu'il en a été fait mention au précédent bulletin. Farge a déclaré n'avoir tiré et livré que 300 exemplaires, le reste devant l'être à fur et mesure. L'inspecteur, M. Loraux, après avoir fait rompre la planche en sa présence, s'est rendu chez le S' Bonneville, où ayant demandé compte des 300 exemplaires, il en a trouvé encore 138 qu'il a saisis. Le S' Bonneville a déclaré avoir vendu le reste à des colporteurs ou commissionnaires pour les provinces. Il paraît qu'avant l'établissement de la Direction générale de la Librairie, ce commerce se faisait librement, et l'on évalue à 10,000 le nombre d'exemplaires de ce Testament qui ont été imprimés à Paris dans les dernières années.

94. Le 25 (octobre), le Directeur général de la Librairie a fait saisir chez le S' Lerouge, libraire, 426 exemplaires du Roman d'*Irma* et 429 des *Mémoires de Mesdames,* tantes du roi, plus chez différens libraires plusieurs exemplaires du *Cimetière de la Madeleine.* La profusion avec laquelle (sont répandus) le premier et le dernier de ces ouvrages dont l'effet naturel est de rappeler avec intérêt les derniers personnages de la Maison de Bourbon qui ont vécu en France, exige des mesures de répression. Il faut d'autres notions historiques aux générations qui s'elèvent, et les souvenirs du passé doivent céder à l'éclat du présent.

98. (*Lille.*) On a saisi en cette ville par ordre du Directeur général de la Librairie l'édition entière du *Ludoviciana,* faite sous la forme d'un almanach pour l'année 1811 chez les S'' Blocquel et Castiaux, imprimeurs. La visite a été faite le 19 (octobre) et a duré depuis six heures du matin jusqu'au soir. Elle a procuré beaucoup d'autres ouvrages prohibés, dont le Directeur général de la Librairie n'a pas encore reçu l'état. On a continué les jours suivans les recherches ordonnées dans les succursales de leur maison à Paris.

109. Le second volume d'un ouvrage intitulé : *Les tombeaux du 18° siècle.* L'auteur y passe en revue tous les hommes remarquables de cette centurie, dont il feint de visiter les tombeaux. Jusqu'aux personnages de la révolution, son travail n'a donné lieu à aucune observation. Arrivé à cette époque il prétendait traduire sur la scène tous les hommes qui ont figuré dans nos troubles politiques. Le Directeur général de la Librairie a pensé qu'il était au moins inutile d'évoquer de pareilles ombres, et il a ordonné la suppression de tous les tombeaux révolu-

tionnaires, à commencer par celui de *Louis XVI*, dont il semble qu'on se plaise plus que jamais à rappeler le souvenir.

115. Le 27 octobre, les inspecteurs de la librairie continuant leurs recherches, ont saisi un exemplaire du *Ludoviciana*, ancienne édition, et plusieurs du *Cimetière de la Madeleine*.

116. Le 31 (octobre), ils ont saisi 19 exemplaires des Prisonniers du Temple, 3 vol. in-12; huit d'Irma, 4 vol. in-18; 1 du Cimetière de la Madeleine, 4 vol. in-18; 1 du Chemin rouge, 2 vol. in-12; 1 de la Correspondance secrète, 1 vol. in-8°.

133. Un roman intitulé : *Aventine de Mercœur, ou le secret impénétrable*. La naissance d'Aventine est le secret qu'on ignore. On laisse entendre qu'elle est fille de Louis XV. Elle est séduite et abandonnée par un Prince Corsini de l'illustre maison qui porte ce nom en Toscane, personnage dont le romancier se plaît à faire un monstre. Le Directeur général de la Librairie a pensé qu'il fallait retrancher de ce roman tout ce qui rappelait l'ancienne famille royale de France, le nom de la famille Corsini et quelques traits inconvenans contre les Grands et les Cours.

135. Un ouvrage intitulé : *Le Jeu des Rois*, par M. Vuillem, prêtre habitué de la paroisse N. D. de Versailles. C'est une réimpression qui était demandée. L'idée de ce livre est assez originale. C'est une imitation du jugement des Rois Egyptiens après leur mort. Les Rois de France, et dans leur règne un personnage illustre par ses vertus, un autre par ses crimes, sont placés par ordre chronologique depuis le n° 1 jusqu'à 200. On suppose une Société établie au Jeu de Loto. Le n° sortant indique Clovis, Pepin ou François Ier. On lit l'article, et suivant que le personnage est bien ou mal noté, on reçoit ou l'on paye des jetons. L'auteur, qui paraît estimable et n'avoir que de bonnes intentions, veut ainsi familiariser la jeunesse avec l'histoire de son pays, mais ici l'inconvénient commence. La famille du Grand Dauphin éteinte si rapidement, Louis seize, ses Tantes gagnent un grand nombre de jetons, et leur histoire occupe un grand nombre de pages dans le livre. Si ce moyen est excellent pour graver dans l'esprit des enfans les souvenirs qu'on veut leur inculquer, pour leur apprendre à aimer et à admirer le sang de leur souverain, il faut s'en servir, mais il faut l'appliquer à d'autres personnages. Le Directeur général de la Librairie a pensé que de tels livres devaient désormais être faits dans un autre esprit; qu'il importait de former la jeunesse aux sentimens d'amour et de fidélité qu'elle doit à la Dynastie présente, et qu'il fallait écarter de la circulation tout ce qui pouvait tendre à rappeler des souvenirs ou faire renaître des affections qui blessent l'intérêt de l'État.

220. Un *Eloge historique de M. le Cte De Fourcroy*, par M. Palisot de Beauvois, membre de l'Institut. On en a retranché quelques louanges déplacées données à la mémoire de Louis XVI, dont en vérité il faut convenir qu'on n'a guère lieu de s'occuper en faisant scientifiquement l'éloge d'un grand chimiste.

225. L'ouvrage dont le Directeur général de la Librairie a suspendu l'impression, est intitulé : *Morceaux choisis de Sully, tirés de ses mémoires et des his-*

toires du tems, contenant ses entretiens avec Henri IV, ses aventures singulières, ses bons mots, ses répliques vives et piquantes, ses pensées, maximes et réflexions. Le titre de cet ouvrage annonce autre chose que ce qu'a fait l'auteur. Il n'a pas même entrepris de faire des extraits des Mémoires de Sully, il se borne à des anecdotes sur Henri IV, à des pensées d'Henri IV, à un portrait d'Henri IV. Ce recueil ne contient rien de nouveau qui ait échappé à l'histoire. L'auteur, exact compilateur, ne s'est point occupé du style et n'a donc fait ni un ouvrage d'histoire ni un ouvrage de littérature. Dès lors son unique but paraît avoir été de rappeler à la mémoire des Français de tous les rangs et de tous les âges un Prince dont le souvenir leur a toujours été cher. L'intention peut n'être pas mauvaise, mais l'effet le serait indubitablement. Il serait contraire à l'intérêt de l'Etat dans les commencemens d'une nouvelle Dynastie de populariser de plus en plus les souvenirs touchants des meilleurs des rois de l'ancienne. Une bonne vie, une bonne histoire d'Henri IV feraient honneur à notre siècle, mais des historiettes où son nom se trouve mêlé, ne doivent point circuler parmi le peuple et ne sont propres qu'à donner le change aux sentimens d'amour et de fidélité qu'il doit à l'Empereur son légitime souverain. Tels sont les motifs qui ont déterminé le Directeur général de la Librairie.

289. Un ouvrage intitulé : *Quelques traits de la vie privée de Frédéric Guillaume II, Roi de Prusse,* par M. D. Dampmartin. Ce recueil d'anecdotes rapportées par un témoin oculaire, porte le sceau d'une grande véracité. L'auteur se montre partout un bon Français, très attaché à son souverain et très jaloux de la gloire de sa patrie. Dans son ouvrage, Fréderic II est représenté bien moins grand que ne l'ont peint les philosophes, ses panégyristes. Fréderic Guillaume, son successeur, et la fameuse Comtesse de Lichtenau, sa favorite, sont peints avec vérité, mais avec des touches adoucies par la bienveillance. L'auteur retraçait les désordres de la première femme de Frédéric Guillaume, le caractère bizarre et prodigue de la seconde : les démêlés de la France avec la Prusse l'amenaient à donner sur l'invasion de la Champagne en 1792 des détails curieux. On a pensé que le respect dû aux princes, quels qu'ils soient, à cause de la majesté du trône, devait faire adoucir certains traits relatifs à des personnages encore vivans, ou dont les proches vivent encore. On a pensé qu'en quelques endroits, les Emigrés, les ci-devant princes français, Louis XVI même étaient trop en scène, et qu'il fallait retrancher totalement des détails qui pouvaient faire vibrer encore dans les cœurs de quelques hommes de parti des cordes qu'il faut laisser tout doucement se détendre. L'auteur s'est prêté à tous ces changemens de la meilleure grâce, et il a retouché presqu'entièrement son ouvrage.

315. Le 10e volume du (*Dictionnaire universel historique, critique et biographique* publié par Prudhomme). On a pensé que quoique l'article Louis XVI fût une réimpression et se trouvât parfaitement conforme à celui inséré dans la dernière édition de cet ouvrage, il était nécessaire de le resserrer et de le réduire au pur énoncé des faits. Il est également contraire au bon goût et à la sagesse de donner tant de place aux souvenirs récents dans un ouvrage destiné à recueillir l'universalité des souvenirs ; d'un autre côté, il serait fâcheux qu'on pût réim-

primer éternellement ce qu'on a imprimé une fois et sous ce seul pretexte. Le Directeur général de la Librairie pense qu'il est de son devoir de prevenir la reproduction des inconvenances passées comme d'empêcher la publication des nouveautés dangereuses ou coupables.

316. Le 11ᵉ vol. du même ouvrage. Il s'agit dans celui-ci des articles *Manuel*, *Marat*, *Mirabeau* et surtout *Marie Antoinette*. Les observations qu'on vient de faire leur sont applicables, et le Directeur général de la Libraire a pensé qu'ils devaient éprouver le même sort que l'article Louis XVI. Dans un ouvrage (*sic*) des articles tels que ce dernier ne seraient pas obligés. Le moment n'est pas venu encore de les traiter. Ceux qui s'en mêlent ne le font pas tout à fait sans passion, et plusieurs espèces de lecteurs y trouvent ou y cherchent encore un aliment à leurs illusions et à leur incurable aigreur. Mais dans un dictionnaire biographique on doit trouver tous les noms fameux. Il est seulement nécessaire que l'on ne rappelle qu'avec circonspection ceux qui furent mêlés à des troubles politiques, ou se rattachent aux souvenirs de liens qui n'existent plus. Le Directeur général de la Librairie a cru suivre la ligne de ses devoirs en se conduisant conformement à ces principes.

319. Un ouvrage intitulé : *Synonymes français* par M. Leroi de Flagis. A juger du livre par le titre, on croirait qu'il ne s'agit dans celui-ci que de discussions ou de distinctions grammaticales. Mais le choix des exemples choisis par l'auteur pour expliquer la propriété des mots a exigé beaucoup de retranchemens. Des allusions au sort de Louis XVI, à la misère des rentiers de l'état, au 10 Août, au 2 Sept., au 13 Vendemiaire, à la captivité de Pie VI, s'y remontraient souvent ainsi que des traits ridicules sur la décoration, les impôts, la liberté politique. On a fait disparaître toutes ces sottises doublement inconvenantes dans un pareil cadre.

322. On a saisi à Paris dans la semaine (4ᵉ semaine de Déc.) un envoi assez considérable de livres obscènes que le Directeur général de la Librairie avait, sous un nom emprunté, fait demander à deux imprimeurs de Lille connus pour faire ce genre de commerce et les mêmes chez lesquels on a saisi dernièrement le *Ludoviciana* et les planches gravées des portraits de Louis XVI et de Marie Antoinette. On espère découvrir les magasins secrets de ces distributeurs d'ordures qui spéculent sur les fantaisies d'une (*sic*) opinion déreglée des frondeurs et sur les caprices de l'imagination dépravée des hommes corrompus. On en a saisi pour six cent onze francs.

326. (*Le Mans.*) Il a été saisi dans cette ville par ordre du Directeur général de la Librairie divers exemplaires de douze différens ouvrages propres à rappeler d'une manière inconvenante le souvenir de l'ancienne dynastie, tel que le journal d'Aczy (*sic*, lisez *Cléry*), le procès de Louis XVI, le Prince de Condé, le Cimetière de la Magdeleine, les Mémoires de Mesdames, etc. (Lettre du Préfet de la Sarthe du 20 Dec. dernier).

République. Révolution.

40. Le Manuscrit dont le Directeur général de la Librairie a suspendu l'impression est intitulé : *Nouvelles recherches de la Vérité*.

L'auteur s'annonce comme un prêtre qui a jadis desservi plusieurs paroisses, mais qui n'a jamais cru, *ce qui l'a conduit*, ajoute-t-il, *au patriotisme le plus prononcé pendant la révolution*. Il respecte tout ce qu'ont dit contre le christianisme les plus acharnés ennemis, et il sape comme eux les bases de la morale ; mais il diffère des écrivains célèbres dont il suit la trace, en ce qu'on ne trouve dans son écrit, ni esprit, ni éloquence, ni gaieté, ni intérêt. Son style est incorrect, souvent grotesque et presque inintelligible.

Cet écrivain ne se montre pas moins l'ennemi du Gouvernement monarchique que des opinions religieuses. Il dit (p. 1) que *dans ce moment la Liberté républicaine expire sur le sol mobile de la France dans les oppressions de la tyrannie et de l'intolérance, vices trop ridicules du gouvernement monarchique.* Plus loin, il assure que *le feu de la philosophie comme celui du patriotisme, caché de nouveau sous la cendre, est toujours prêt à éclater. Tout le monde se tait maintenant, mais il est prêt à parler et à agir encore dès qu'on lui deliera la langue et les bras* (p. 4). Ailleurs *il établit que le rétablissement des Collèges est un moyen de faire rétrograder la liberté et de rétablir les préjugés* (p. 5). En un autre endroit (p. 7) il entend *le canon qui tue la liberté et l'indépendance et applaudit à la proclamation d'un empereur des Français.* Il observe *que depuis le 18 brumaire un mouvement aveugle et rétrograde tendait manifestement à ramener cette malheureuse époque qui nous reconduit à la servitude, à l'ignorance et à la barbarie;* ensuite il prononce que le *principe de la souveraineté du peuple est le seul inaliénable et immuable comme lui.* Ailleurs, il apostrophe le clergé catholique auquel il reproche d'avoir refusé le serment à la constitution de 1791 et de le prêter à l'Empereur. *Jurez donc, Prêtres monarchiens, vous avez refusé le serment à la nation souveraine, prêtez-le à l'empereur des Français.... Jurez : envahit-il moins le trône que l'assemblée constituante la souveraineté?*

M. Schiaffino, censeur de l'ouvrage, a proposé d'en défendre l'impression et la publication. Le Directeur général de la Librairie l'a suspendu ; le style de l'auteur, l'audace de sa conduite peuvent, au reste, faire soupçonner qu'il est plus malade que méchant.

67. Le Manuscrit dont le Directeur général de la Librairie a suspendu l'impression est intitulé : *Le Livre des Rois au commencement du 19ᵉ siècle.* L'auteur est M. Théophile Mandar, neveu du père Mandar, célèbre prédicateur parmi les Oratoriens. Ce famélique écrivain avait présenté son ouvrage à M. le Duc d'Otrante avant le décret du 5 février 1810. Ce ministre, reconnaissant l'impossibilité de laisser imprimer les dangereuses rêveries qui composent ce prétendu livre des Rois, avait fait donner un secours à l'auteur qui est plongé dans une profonde indigence. Son ouvrage sent la révolution et les principes de 1793.

86. Le treizième vol. de *la vie des Saints de Butler traduite en français par Godescard.* Ce treizième vol. n'a point encore été imprimé en français. C'est une Appendice de la vie des Saints qui contient un Traité des fêtes mobiles, jeûnes et observances de l'Eglise. Il ne contient rien qui puisse exciter la censure. Mais l'éditeur avait inséré fort inutilement une longue note sur la persécution dont les prêtres catholiques ont été l'objet en France durant la révolution et spécialement sur les massacres de Septembre. On a pensé que loin de chercher à rappeler de

pareils souvenirs, tout bon Français devait dire de ces tems desastreux, comme M. de Thou le père, de la St Barthélemy : *excidat illa dies.* Cette note a donc été retranchée.

87. *Le Spectateur français au 19e siècle, 9e année.* Ce Recueil se compose d'articles pris dans divers journaux. Les premiers volumes contenaient un choix des meilleurs morceaux de critique ou de littérature qui avaient paru dans l'année dans les feuilles littéraires. Ce travail avait peut-être le tort de donner de la consistance à des censures trop fortes, mais il avait aussi le mérite de sauver de l'oubli des observations justes et sages. Sa couleur était celle du moment. Aujourd'hui le ton des journaux est changé, et l'Editeur fidèle à sa manière de voir, après avoir moissonné dans ceux des années précédentes, cherche à y glaner encore. On a pensé qu'il renfermait spécialement des articles sur les mémoires du règne de Louis XVI, par M. Soulavie, et sur les œuvres de Mme Roland, qu'il était impossible de laisser réimprimer. Ces articles reportent les lecteurs aux tems révolutionnaires et ne sont propres qu'à réveiller l'esprit de parti.

88. *La 10e partie de l'Histoire des Généraux français* par M. de Chateauneuf. Cet ouvrage, qui d'après son titre devrait être historique et militaire et qui n'a aucun de ces deux caractères, n'est recommandable que par les bonnes intentions de l'auteur. Néantmoins, dans son histoire du Maréchal Duc de Tarente, on a cru devoir exiger le retranchement d'un éloge plus qu'exagéré du Général Moreau.

111. *Journal d'un déporté aux Iles Séchelles* par Vauversin. On a retranché de cet ouvrage ce qui rappelait la cause du voyage de l'auteur, quelques expressions violentes dont il se servait en parlant de plusieurs officiers de marine chargés du transport des déportés, quelques traits de philosophie révolutionnaire et quelques détails obscènes. Le Directeur général de la Librairie a pensé que le titre devait être changé et remplacé par le suivant : *Journal et aventures de P. A. Vauversin contenant son sejour aux îles Séchelles.*

114. Le Manuscrit dont le Directeur général de la Librairie a defendu l'impression est intitulé : *Code de Jurisprudence, criminelle, civile, militaire, divisé en douze parties, voté unanimement par la nation française, établissant la vraie liberté : 1° de tous les citoyens français, 2° de tous les militaires, vrais disciples de l'honneur français,* par M. J. B. Houpy de Merville. Ce titre donne une idée de la bizarrerie de cette composition. L'auteur a voulu faire le résumé de tous les mandats et cahiers des députés aux Etats généraux de 1789. Les maximes qu'il présente sont pour la plupart incompatibles avec notre système actuel. Cette idée vague du pouvoir et de la souveraineté de la nation, dont on a tant abusé, le préoccupe continuellement : il y rapporte tout, et en fait tout découler : il propose en un mot la réformation des belles législations que le génie et la sagesse de Sa Majesté viennent d'asseoir sur des bases inébranlables.

128. Les 9e, 10e, 11e et 12e parties de l'*Histoire des Généraux français* par M. de Chateauneuf. Le ton de cet ouvrage est généralement français dans l'acception morale de ce mot : un peu révolutionnaire. Le style se soutient, il est correct et animé. La livraison dont il s'agit comprend les noms de Dampierre, Moreau et Beysser. Le nom de Moreau ne se trouve ici que par une petite supercherie

de libraire; car il ne s'agit pas du trop fameux Général Moreau, mais d'un Général du même nom qui durant quelques instants commanda en chef une armée en 1793. M. de Chateauneuf s'était avisé de donner à son livre le titre de *Classique*. Le Directeur général de la Librairie a pensé qu'il n'appartenait pas aux auteurs de qualifier ainsi leurs ouvrages, surtout si l'on considère que tous ces faux titres n'ont d'autre but et d'autre effet que de tromper le public. Les autres corrections portent sur un éloge très déplacé de la Constitution britannique, qui a été retranché, et sur quelques traits contre le gouvernement monarchique, qu'on a fait disparaître.

130. Les 13ᵉ et 14ᵉ parties du même ouvrage. Dans l'édition précédente ces deux parties comprenaient la vie de 44 Généraux. L'auteur n'en a conservé que neuf, et le choix de ceux qu'il a conservés est aussi extraordinaire que celui de ceux qu'il a supprimés. Il conserve des noms obscurs tels que celui de Jardon, et supprime les Leclerc, les Soult, les Kellermann. Le Directeur général de la Librairie a jugé convenable de faire supprimer divers titres qui ne s'appliquent plus au Général Marescot, dont la notice est au nombre des neuf conservées.

163. *Le Pessimisme, ou la fin du 18ᵉ siècle* par M Lepeintre. Ce Roman est critique, philosophique, libre, moral, historique tour à tour. Les événemens s'y entassent sans liaison, sans ordre et sans nécessité. Tous concourent plus ou moins heureusement au développement que tout, dans la nature et dans l'ouvrage du créateur, est pour le mieux, et que les maux de l'homme sont l'ouvrage de ses passions et de ses erreurs. Les changemens imposés à l'auteur sont de trois sortes. Il en est de relatifs aux circonstances politiques et au respect dû aux morts et aux souverains. Il en est de relatifs aux principes philosophiques de l'auteur. Il en est enfin qui ont pour objet la décence publique. D'abord, l'auteur faisait figurer dans son roman Catherine II, le Prince Potemkin et d'autres personnages, et les peignait sous des couleurs odieuses et avilissantes; ensuite il mêlait à ses rêveries le triste souvenir de la guerre de la Vendée. On a pensé que les romans n'étaient point l'histoire travestie; qu'il n'appartenait à personne de mêler des noms connus à des noms chimériques et que les malheurs des pères devaient être pour les enfans de sérieuses leçons et non l'objet d'un vain amusement. On a cru ensuite qu'un système de nécessité absolue, de providence limitée et de fatalité irrésistible, qui pouvait trouver sa place dans un ouvrage de philosophie, était déplacé dans un roman. Ce n'est pas là le lieu d'argumenter contre la toute puissance de Dieu. On s'est fait une loi d'écarter de tous les ouvrages de ce genre tout ce qui blesse les fondemens de la religion naturelle. Les romans sont la bibliothèque des antichambres, et si elle est infectée de déclamations contre la croyance salutaire d'une providence divine, les lecteurs pauvres et violens, et sûrs de l'impunité, seront des sots, comme le dit très bien Voltaire, s'ils n'assassinent pas leur maître pour voler son argent. Les corrections relatives à la décence publique consistent en quelques voiles que l'on a engagé l'auteur à jeter sur des nudités trop révoltantes.

199. L'ouvrage dont le Directeur général de la Librairie a suspendu l'impression est intitulé : *Observations importantes contre l'Angleterre et le Portugal, pré-*

sentées à S. M. l'Empereur des français par Daubigny Berteval, ancien prisonnier d'état. L'auteur paraît une espèce de fou qui a voulu prouver fort inutilement que les Anglais ne devaient pas se mêler des affaires intérieures de la France, et que la part qu'ils ont prise à la révolution n'a fait qu'en aggraver les maux; mais il s'y est pris de manière à faire l'éloge de la Révolution et la critique du gouvernement actuel. Le Censeur a proposé de suspendre l'impression de cette production ridicule d'un esprit mal réglé. Le Directeur général de la Librairie a adopté ses conclusions. La conscription est violemment attaquée dans cette plate rapsodie.

216. Un Roman historique intitulé : *Emilie de Choin.* Les amours et le prétendu mariage de Mlle Choin avec le Dauphin, fils de Louis XIV, forment le fond de cet ouvrage. Il réunit au plus haut degré tous les inconvéniens du genre. C'est une Chronique scandaleuse où la majesté du trône n'était pas toujours respectée. On a exigé l'adoucissement de certaines imputations faites à des personnages historiques et démenties par le témoignage des historiens. On a exigé la suppression de quelques traits contre les Cours et les Princes en général.

261. Un ouvrage intitulé : *Histoire de l'administration de la guerre* par M. Xavier Audouin. Le titre de cet ouvrage n'est pas exactement rempli : il présente non pas l'histoire qu'il annonce, mais celle de la fin du règne de Louis XIV, du règne de Louis XV, de celui de Louis XVI, et par occasion quelques notions sur l'administration de la guerre. L'auteur établit que la Révolution était inévitable; que le renversement de la Dynastie des Bourbons l'était aussi : que les causes qui ont amené la chûte du trône remontent jusqu'à Louis XIV; qu'elles consistent dans l'affaiblissement successif de l'art militaire, le désordre toujours croissant des finances, les abus de la faveur, l'insouciance de l'avant dernier roi, la faiblesse du dernier, enfin, la résistance des classes privilégiées aux mesures qui eussent pu sauver l'état. L'écrit est d'un ami de la Révolution. Cependant l'auteur ne conclut pas que le régime républicain soit nécessaire. Son livre prouve au contraire que la France a besoin d'un chef dont le génie égale le courage et qui tienne d'une main ferme les rênes du gouvernement; mais il a été nécessaire de faire disparaître certaines théories contraires aux saines maximes et aux principes monarchiques. L'auteur s'y est prêté de bonne grace.

262. La 20e partie de *l'Histoire des Généraux qui se sont illustrés dans la guerre de la Révolution,* par M. Chateauneuf, contenant *Canclaux, Leveneur, Préval* et *Becker.* On en a retranché un trait tendant à faire croire que c'était le républicanisme qui inspirait l'ardeur guerrière de nos soldats. Les Français ont prouvé, sous les aigles impériales, que leur valeur ne s'élevait jamais plus haut que lorsqu'ils versaient leur sang pour un souverain qu'ils aimaient.

264. Un poëme intitulé : *La Nature* par Lebrun. On y retrouve l'empreinte bien décidée du talent de Le Brun, sa verve et son expression pittoresque, mais aussi son inégalité, son obscurité, son exagération. Plusieurs morceaux paraissent avoir été inspirés par cet esprit d'ardeur, de mécontentement et d'innovation qui fut à l'usage (*sic*) immédiat de la Revolution. Ces morceaux seraient aujourd'hui déplacés, et on en a exigé la suppression.

290. Le 9ᵉ tome des *Œuvres de M. Turgot, ministre d'état, mises au jour par M. Dupont de Nemours*. M. Turgot, que son éditeur représente comme un *homme d'État propre à gouverner un empire*, s'écrie gravement dans une lettre écrite à Mᵉ de Graffigny sur un Roman : *Liberté! je le dis en soupirant, les hommes ne sont peut-être pas dignes de toi! Egalité! ils te desireraient, mais ils ne peuvent t'atteindre.* Dans une autre lettre contre Helvetius il trouve que *J. J. Rousseau a mis au point de la démonstration le principe de la souveraineté du peuple,* et il donne des conseils aux philosophes qui veulent attaquer la monarchie. Il traite tous les rois de despotes, et il ne leur prête quelque condescendance pour l'opinion publique que parce qu'ils ont de la vanité. Plus loin, dans une lettre au Docteur Price sur la Révolution d'Amérique, il trouve que c'est une grande erreur de prétendre que la liberté consiste à n'être soumis qu'aux lois, parce que les lois peuvent être injustes et que l'individu a des droits que la nation même ne peut lui ôter. Il ne veut d'*autre gouvernement que la nature, la raison et la justice.* Il assure en passant, que l'*influence au dehors est d'une bien petite importance pour le bonheur d'un peuple.* Il finit par prier le Docteur de ne pas lui répondre par la poste, *parce qu'on le trouverait beaucoup trop ami de la liberté, pour un ministre et même pour un ministre disgracié.* Voilà l'homme qui devait, selon les économistes, sauver la monarchie française. On a peine à comprendre par quelle inconséquence il est possible de prétendre gouverner une monarchie selon des maximes destructives de la monarchie et éversives de toute forme de gouvernement. C'était là la sagesse du siècle, et les œuvres de M. Turgot en présenteront niaisement les préceptes. S'il y a quelqu'utilité à les voir exprimer aussi naïvement par un homme placé si haut, et à montrer ainsi la force du prestige, puisqu'il fascinait jusqu'aux dépositaires de l'autorité, on a cru néanmoins qu'on ne pouvait laisser imprimer, même sous le nom de M. Turgot, des préceptes donnés aux Philosophes sur la meilleure marche à suivre pour attaquer la monarchie. On laisse subsister le reste comme un monument remarquable de l'ascendant des fameuses théories des écrivains du 18ᵉ siècle.

295. (*Le Puy.*) Le Préfet du Département de la Haute Loire mande du 15 déc. qu'en execution des Instructions du Directeur général de la Librairie, il a supprimé quelques livres élémentaires dégoûtans de républicanisme, qu'on venait d'y réimprimer assez récemment.

314. Le 9ᵉ volume du *Dictionnaire universel, historique, critique et biographique* publié par Prudhomme. Il a déjà été question du douzieme volume de cet ouvrage dans le bulletin du 22 décembre 1810. En général, l'esprit qui y règne est bon. Dans les articles relatifs à la révolution, l'exagération soit dans un sens, soit dans l'autre, a été évitée. La partie politique et morale n'offre aucune mauvaise maxime et ne prête à aucune facheuse allusion. On a cru devoir prescrire le retranchement d'un passage inconvenant où l'on disait que le Duc de Montebello avait été apprenti teinturier.

321. Un ouvrage intitulé : *Maximes et pensées pour l'usage de la vie* par Lignon. Quelques unes de ces maximes étaient tournées contre de prétendues injustices des souverains et abus de pouvoir des grands. On a purgé le manuscrit de ces déclamations.

Respect de l'administration.

42. (*Niort.*) Sur l'avis du Préfet du département des Deux-Sèvres, le Directeur général de la Librairie a réprimandé l'imprimeur Depienis pour avoir imprimé, sans déclaration préalable, une consultation signée par des avocats, en faveur d'une Chambre d'un Conseil municipal, suspendue de ses fonctions, contre sa suspension. Cet appel à l'opinion publique d'un acte de l'administration supérieure paraît aussi inconvenant que de mauvais exemple.

51. *Mémoire pour le Sʳ Pigalle.* Mémoire dans une cause particulière, qui n'a été examiné que parce qu'il n'était point revêtu de la signature d'un avoué ou d'un avocat. Le Directeur général de la Librairie est devenu très sévère sur les productions de ce genre, parce qu'il en a été publié de contraires à la paix publique et au respect dû aux fonctionnaires publics revêtus de la confiance de Sa Majesté, dans différens points de l'Empire.

118. (*Rheims.*) On a arrêté dans cette ville la circulation d'une feuille intitulée : *Le Pourquoi d'un Citoyen*, sortie de la presse d'un habitant non imprimeur, et contenant la critique de l'administration municipale de cette ville. Cette circonstance fait sentir l'importance du règlement sur les presses privées, soumis en ce moment à la discussion du Conseil d'Etat.

134. Un manuscrit intitulé : *Remontrances très respectueuses contre le Jury*, par J. B. Selves, Juge actuel de la Cour de Justice criminelle et spéciale de la Seine. L'auteur attaque directement l'institution du Jury et plus particulièrement celle qui est établie par le Code d'instruction criminelle. Il la regarde comme n'offrant aucun avantage, au degré de civilisation où nous sommes parvenus. Il relève plusieurs inconvéniens auxquels elle a donné lieu en France, et enfin il soutient que c'est une institution incompatible avec le gouvernement monarchique.

Le censeur, M. Schiaffino, quoique partageant au fond l'opinion de l'auteur, a pensé que l'Institution du Jury, bonne ou mauvaise, se trouvant actuellement sanctionnée par la Loi, ne pouvait être attaquée ouvertement par la voie de l'impression : que si l'on se permet d'imprimer aujourd'hui contre le Jury, rien n'empêchera qu'on ne prétende écrire demain contre la Conscription, les Droits réunis ou l'Enregistrement, enfin qu'il faudrait une autorisation expresse de Sa Majesté pour qu'une telle controverse pût avoir lieu.

Le Directeur général de la Librairie a adopté l'avis du censeur. Il pense que l'on doit obéir aux lois parce qu'elles sont lois, comme dit Pascal, et non parce qu'elles sont conformes aux opinions qu'on peut se faire de leur convenance ou de leur utilité, et qu'il n'appartient qu'au Souverain de livrer au jugement du public la discussion des matières importantes qui font le sujet d'une branche quelconque de la législation de l'Etat.

138. Le Directeur général de la Librairie a aussi suspendu la distribution d'un *Placet adressé à Sa Majesté par la famille de Pierre Guillaume Théodore Guislain de Meulenaer* condamné par le Tribunal de la Seine et renfermé depuis six ans à Bicêtre. Six exemplaires ont été remis à l'homme d'affaires du sieur de Meulenaer. Il a assuré les avoir adressés à Sa Majesté et à ses ministres. Sous ce rapport

l'impression d'un pareil placet est sans inconvénient. L'imprimeur ne fait que l'office de copiste, mais la distribution au public peut avoir des effets fâcheux. Les réclamations de ce genre attaquent les Tribunaux, et les Tribunaux ne doivent pas être traduits au jugement du public. Cette publicité est d'un mauvais effet, si la réclamation est accueillie par le Prince et prouvée juste par l'évènement. Elle discrédite les magistrats et affaiblit dès lors leur autorité. Cette publicité est d'un plus mauvais effet, si la réclamation n'est pas accueillie par le Prince. Les malveillans en concluent ou qu'on ne peut arriver jusqu'à lui, ou qu'il manque de justice, ou qu'il aurait dû user de clémence. Il faut éviter tous ces inconvéniens si nuisibles pour l'ancien gouvernement que la publication des *Mémoires pour les trois Roués*, des *Mémoires de Beaumarchais*, et autres, n'ont pas moins discrédité que les autres preuves de faiblesse et d'inhabileté qu'il donnait journellement.

168. L'ouvrage dont le Directeur général de la Librairie a défendu définitivement la circulation est ce même Placet adressé à Sa Majesté l'Empereur des Français par le Sr Meulenaer et sa famille, dont il a été fait mention dans le bulletin précédent. Il n'est sans doute aucune situation où un sujet ne puisse élever la voix pour demander grâce et miséricorde au Souverain. Mais il n'a pas le droit de communiquer au public ses humbles supplications. De plus l'écrit du Sr Meulenaer est plein d'impudence et d'injures atroces contre le Président et les Juges qui ont prononcé sur son sort. Ces écarts sont même étrangers à sa justification, et il viole sans utilité le respect dû aux Tribunaux. Tels ont été les motifs de la décision sus mentionnée.

189. Un imprimé à épreuve intitulé : *Réponse de M. Richard à M. Carbon.* C'est un Mémoire extra-judiciaire publié sur une contestation juridique. Dès avant la révolution, on avait commencé à prendre la mauvaise habitude d'intéresser le public dans les affaires pendantes devant les Tribunaux. On est loin d'en être revenu, c'est cependant un abus qu'il importe de faire disparaître. Ce n'est point aux salons ou aux coteries à juger les procès. Il leur appartient encore moins de juger les Juges. Néanmoins, tous les jours, on cherche par des écrits insidieux à émouvoir le public et on se flatte d'entendre (*sic*) les Tribunaux séduisant l'opinion publique. D'autres fois, on tente de la soulever contre les arrêts, et on détruit le bon effet qui devrait résulter, pour la morale publique, de leur sentence et de leur décision. Comme il n'y a pas de loi qui prohibe ces publications, quand les lecteurs ne trouvent rien dans de pareils écrits qui intéresse directement le gouvernement, aucun principe qui choque la morale, aucune injure dont l'honneur ait le droit d'être offensé, le Directeur général de la Librairie laisse imprimer, mais l'inconvénient subsiste.

193. *Traité des hypothèques et des expropriations forcées ou Lois rationnelles ou positives de la garantie des créances*, par M. Balleroy, avocat. Le censeur, M. Schiaffino, a cru voir dans cet ouvrage trois espèces de supplémens (*lisez* suppressions) à exiger: celles (*sic*) de certains passages qui attaquent le Code Napoléon, celles de quelques autres qui contiennent des allusions injurieuses à divers personnages qui ont figuré dans la révolution, enfin celles de quelques traits lancés contre la Magistrature ou difficiles à concilier avec le respect dû au Souverain. Le Directeur

général de la Librairie a pensé que l'avis du censeur pouvait être modifié. Il a jugé que dans un traité de jurisprudence on pouvait discuter librement les dispositions isolées des lois de l'Empire, toutes les fois qu'on ne s'écartait ni du respect qui leur est dû, ni des sentimens de reconnaissance envers le souverain qui nous les a données. Il s'est borné à faire retrancher ce que l'ouvrage contenait d'injurieux pour les anciens députés de l'assemblée constituante et de la convention nationale, aujourd'hui fidèles serviteurs de Sa Majesté, et quelques traits un peu vifs contre les Magistrats subalternes. Il est possible que quelques uns d'entr'eux cherchent à se faire valoir, mais il est certain en général qu'ils pèchent plutôt par faiblesse que par excès de sévérité.

Au reste le principal but de l'auteur est de concilier, s'il est possible, la publicité du système hypothécaire avec la liberté du commerce des immeubles, liberté que gênent, selon lui, les diverses hypothèques judiciaires, administratives et légales établies par le Code Napoléon. Il traite son sujet autant en philosophe qu'en jurisconsulte, mais il paraît s'abandonner trop souvent à un penchant naturel pour la critique.

230. Un Manuscrit intitulé : *Traité de la preuve par témoins en matière civile, selon les dispositions du Code Napoléon et du Code de procédure civile* par le Sr Desquiron. L'auteur traite son sujet en jurisconsulte. Il l'examine d'abord en théorie ; il rapporte ensuite les observations qu'il a recueillies durant sa pratique. Il peut quelquefois s'être trompé, mais il expose son opinion avec simplicité, il ne tait aucune circonstance des causes sur lesquelles il raisonne, et il ne se permet en aucun lieu la critique des lois ni celle des personnes.

248. (*Strasbourg.*) L'inspecteur de la librairie en cette résidence, annonce la saisie du *Mémoire justificatif de M. Kastner*, ci-devant ingénieur en chef du Département du Bas-Rhin. Il fait connaître le bon effet que produisent les mesures qui ont été prises contre cet ingénieur corrupteur et corrompu, et combien les bons citoyens applaudissent aux efforts journaliers du Préfet pour le rétablissement de l'ordre dans toutes les parties de l'administration.

282. Un Manuscrit intitulé : *Essais sur l'administration militaire et l'exécution des lois militaires*, par M. Lenoble, commissaire ordonnateur des guerres et membre de la Légion d'honneur. L'Auteur propose l'établissement d'une Questure et d'une Censure, et un nouveau plan de comptabilité pour l'administration militaire. Il soutient que la régie comptable est le meilleur mode de pourvoir aux subsistances des armées. Son ton est décent et respectueux.

292. Un Manuscrit intitulé : *Second examen des observations du S^r Ch. Lacretelle, sur une consultation faite en faveur du S^r de St Légier.* On a déjà fait remarquer dans plusieurs des précédens bulletins combien il est peu convenable et même dangereux, sous plusieurs rapports, de livrer aux plaideurs le droit d'entretenir le public de leurs procès. Le fait dont il est ici question se rapporte à la malheureuse discussion élevée entre le Sr de Lacretelle et son ancien secrétaire, au sujet d'un vol fait au premier et dont le second a été soupçonné. On a pensé que la censure ne pouvait exiger le retranchement des traits injurieux lancés contre M. de Lacretelle par son adversaire, et on a été confirmé dans

cette opinion par la lecture de l'article 37 du *Décret impérial du* 14 *Décembre
dernier* contenant *Règlement sur l'exercice de la profession d'avocat et la discipline
du Barreau.* En effet cet article défend aux avocats de *se livrer à des injures et
personnalités offensantes envers les parties ou les défenseurs, d'avancer aucun fait
grave contre l'honneur et la réputation des parties, à moins que la nécessité de la cause
ne l'exige, et qu'ils n'en ayent charge expresse et par écrit de leurs cliens, ou des
avoués de leurs cliens.* On a pensé que les Tribunaux seuls étaient compétens
pour juger si la *nécessité de la cause exigeait certaines injures,* et qu'il était impossible d'empêcher *les parties* de dire elles-mêmes ce que le seul mandat autorisait
leurs défenseurs à articuler. Mais comme M. de St Légier impliquait dans son
affaire le Ministre de la Police, le Préfet de Police, leurs agens et le directeur
du Jury; comme il se plaignait d'actes oppressifs qu'il n'appartient ni aux Tribunaux ni au public d'apprécier et qu'ils étaient, disait-il, déférés à Sa Majesté par
voie de haute Police administrative, on a exigé la suppression de toute cette
partie de son mémoire, qui attaquait le respect dû aux Magistrats et tendait à
exciter l'intérêt public en faveur d'un particulier (M. Desgouttes) étranger à la
cause, et qui a été frappé par l'autorité suprême, sans qu'elle ait jugé convenable
de publier ses motifs.

Esprit militaire.

39. *Almanach maçonique.* On s'est permis d'insérer dans cet almanach chantant
des stances contre la guerre qui ont paru fort opposées à l'esprit de bravoure
qui a toujours distingué la nation, et très-inconvenantes à cette époque où tant
de guerres glorieuses ont élevé si haut le nom français. On a fait retrancher de
ce recueil quelques couplets ironiques contre J.-C.

131. L'avant dernière partie du même ouvrage (Hist. des Généraux français
de M. de Chateauneuf). — Le Directeur général de la Librairie a fait retrancher
de cette livraison où l'on traite des Généraux Rochambeau, Duchesne, Beurnon-
ville, Baraguey d'Hilliers, Beaupuy, Marmont, Dufour et Saunier, quelques
louanges déplacées de M. de Lafayette et du Général Moreau, ainsi qu'une leçon
aux Souverains sur les maux de la guerre, fort ridicule dans un livre consacré à
la gloire militaire.

196. *Les âges de la Peinture, Ode à M. David* 1er *peintre de Sa Majesté* par Auguste Peyronne. — On a retranché de cette pièce une ridicule strophe contre
la guerre et les conquérans. Rien ne prouve mieux que l'exposition du Louvre
quel appui, quel essor même les siècles féconds en vertus guerrières et en
belles actions militaires prêtent aux beaux-arts.

240. Un poëme intitulé : *l'art de plaire.* L'auteur de ce petit ouvrage veut
persifler. Il conseille, de l'air et du ton le plus sérieux, de réduire la séduction
en théorie et de la mettre toute sa vie en pratique ; d'être un célibataire libertin,
ou un adultère inconstant, un ami de tous les plaisirs, de toutes les jouissances;
de braver tous les vieux préjugés, de ne prendre aucun état où il y ait des
devoirs à remplir, enfin de commencer et de finir la vie, soit avec l'amour qu'on
inspire, soit avec celui qu'on achète. On a exigé que l'auteur, qui s'y était mal

pris, indiquât plus clairement dans sa préface l'esprit dans lequel son poëme devait être lu, et qu'il retranchât quelques traits contraires au génie de la nation, à l'esprit militaire, à l'enthousiasme de la gloire, au respect dû au souverain et à la décence publique.

244. *Elégies, Epîtres et Poësies diverses* par Lebrun. Ces poésies sont en général érotiques : il y en a un petit nombre de satyriques : les autres n'ont pas de caractère décidé, et toutes sont antérieures à la Révolution. Elles offrent des traces assez marquées de l'esprit qui a signalé la dernière moitié du 18ᵉ siècle. Les retranchemens qu'on a exigés se bornent à quelques vers licencieux, qui ne blessent pas moins le goût que la décence publique, et à quelques déclamations bien ridicules et bien philanthropiques contre la guerre et contre les conquérans.

263. Un écrit intitulé l'*École du Guerrier, ou Instructions d'un père à son fils sur la profession militaire, dans lesquelles sont développés les principes et les devoirs qu'un guerrier doit suivre et remplir, et les sentimens qui doivent le guider dans la carrière de l'honneur et de la gloire*, par le Sʳ Fr. Martin. L'auteur de cet ouvrage a d'excellentes intentions : il a puisé dans de bonnes sources et la lecture de son livre ne peut qu'être utile aux jeunes militaires. On a néanmoins jugé nécessaire d'en retrancher quelques peintures exagérées des dangers et des peines qui suivent la vie dans les camps, et quelques traits également outrés qui porteraient à penser que la nation paye d'ingratitude ses généreux défenseurs et que des mœurs efféminées les épuisent.

(1814) 3, 6. *Épitre au commerce. Poëme.* Je ne sais quel est l'apprenti négociant ou commis voyageur qui s'est fatigué à nous produire ce long amas de vers et à le mêler de déclamations de tout genre sur la guerre, sur la paix, sur la situation de la France, sur les puissances ennemies ; mais quel qu'il soit, il n'y a rien de plus inconvenant que son poëme dans les circonstances présentes, et je partage pleinement l'opinion du censeur qui conclut sagement à ce que sa publication n'ait pas lieu.

(1814) 5, 6. *De l'origine, de la durée et de la suite de la guerre des Français contre la coalition. Par M. Chateauneuf.* Opuscule d'une feuille. Le sujet est bien clairement à l'ordre du jour. L'auteur a proposé son écrit aux journaux, et la Police a refusé son insertion. M. Chateauneuf essaye d'appeler de la Police à la Direction. Mais je ne suis pas d'avis de recevoir l'appel parce que l'auteur commence par attaquer le faux éclat de la gloire des batailles et choisit ainsi fort mal le moment de nous en dégoûter ; parce qu'il trouve à peine une guerre dont le principe soit légitime et que cette philanthropie me semble trop hors de saison. Pour remplir son titre, il faudrait que M. Chateauneuf fût dans le secret du gouvernement et de l'État : dès qu'il n'y est pas, il ne saurait manquer d'échouer sur le double écueil de dire ce qu'il ne faudrait pas dire, ou de ne pas dire ce qu'il conviendrait. Mieux vaut se taire. Je conclus donc à ce que l'opuscule dont il s'agit ne soit pas imprimé.

Religion et pape.

23. (*Avignon.*) Le Directeur général de la Librairie a ordonné la suspension

de la vente de l'ancien catéchisme du Diocèse que l'on vendait concurrement avec le catéchisme à l'usage de toutes les églises de l'Empire.

24. (*Verceil.*) Le Directeur général de la Librairie a ordonné la saisie de plusieurs exemplaires du *Bréviaire romain* contenant l'*Office de Grégoire VII*, que l'on prétendait introduire par le bureau des douanes de cette ville.

25. (*Verdun et Toul.*) Le Directeur général de la Librairie a suspendu dans ces villes la vente des anciens usages de ces deux diocèses, qui y avait lieu malgré l'opposition de M. l'évêque de Nancy, et qui ne sont plus en harmonie avec nos lois actuelles sur le nombre des fêtes et sur la célébration du culte.

66. *Tableau de la législation politique, religieuse et civile de Napoléon le Grand*, par M. Chas, ancien jurisconsulte, auteur de plusieurs écrits dont quelques uns sont estimés. Le censeur, M. Esménard, a proposé de retrancher de cet ouvrage différens passages dictés sans doute par une bonne intention, mais qui ont le grave inconvénient de rappeler, de publier et de juger des discussions qui peuvent s'être élevées entre S. M. l'Empereur et le St-Père. Il paraît qu'aucun écrivain ne doit révéler ce que l'Empereur tait, ni publier en pareille matière ce qu'il n'ordonne pas d'apprendre à ses peuples. On ne peut douter que toute controverse à cet égard ne soit déplacée et jusqu'à un certain point dangereuse. Le Directeur général de la Librairie a adopté les conclusions du censeur, et l'auteur s'est soumis.

141. (*Gand.*) Par décision du 6 novembre, le préfet du département de l'Escaut a suspendu l'impression d'un *Ordo* ou Guid' asne à l'usage des Carmes déchaussés, comme pouvant être en opposition avec l'esprit ou la lettre du Concordat et la loi du 18 Germinal, an 10.

142. (*Parme.*) Le Directeur général de la Librairie a ordonné la suppression de l'almanach pour 1811, où le Saint-Père est encore inscrit comme souverain de Rome.

197. Le 2e volume de la traduction d'un ouvrage italien intitulé : *Les Nuits romaines aux tombeaux des Scipions.* L'auteur suppose qu'il rencontre dans les Catacombes romaines les ombres des plus illustres Romains. Ils discutent entr' eux sur l'histoire de leur pays. César vante la monarchie, Brutus soutient la république ; mais le tableau des malheurs qui ont ensanglanté Rome sous le régime républicain est un argument décisif en faveur de César. Le Directeur général de la Librairie a ordonné la suppression du 6e entretien de la 6e nuit. Cet entretien contient un éloge du gouvernement temporel des Papes inconciliable avec nos principes. L'auteur exalte Rome moderne au dessus de Rome antique. Il montre les pontifes déposant les rois, disposant des trônes, et accorde à Grégoire VII, à Innocent III et à Jules II pour leurs entreprises sur le temporel des états des éloges que désavouent le bon ton, la religion et nos maximes nationales. Cet entretien ne peut être imprimé en France dans les circonstances actuelles.

198. *Almanach de Gotha pour l'année* 1811. Les retranchemens portent sur quelques faits indiqués dans la chronique des années 1809 et 1810, qui paraissent devoir être supprimés. Ils concernent les évènemens de Rome et les affaires du Pape.

228. (*Toulouse.*) Le Directeur général de la Librairie avait été averti qu'on voulait faire imprimer furtivement dans cette ville deux ouvrages suspects; l'un intitulé : *Louis le bienfaisant*, et l'autre, *Clergé illuminé.* Le premier devait être rempli d'invectives et de personnalités contre le Souverain et les personnes honorées de sa confiance. Le second devait être à l'usage de certains prêtres qui ne reconnaissent pas le Concordat, et officient en cachette chez des particuliers qui leur donnent asyle. Après les recherches les plus exactes, il a été reconnu que ces ouvrages avaient circulé à Toulouse manuscrits et imprimés, il y a plus d'un an, mais qu'il n'y en avait plus de traces actuellement, et que le petit nombre de prêtres qui ont persisté à ne point reconnaître le Concordat et qui existe (*sic*) encore en cette ville, n'a jamais eu d'imprimeur dans ses intérêts ou à sa disposition.

238. Un manuscrit intitulé : *Commentaire sur le Décret impérial du 17 Mars 1808 concernant les Juifs*, par M. Jean Birnbaum. Cet ouvrage est conçu dans un bon esprit et tend à seconder les vues bienfaisantes de Sa Majesté et à rapprocher le plus possible les Juifs des Chrétiens. Les corrections exigées se rapportent à une citation fort inutile d'une lettre de St. Ambroise à l'Empereur Théodose sur les limites de la tolérance et les droits des Evêques sur des matières que nous reconnaissons appartenir exclusivement à la puissance civile; elles se rapportent encore à quelques faits qu'il ne faut pas rappeler quand on veut concilier les esprits, à quelques sophismes qui tendent à infirmer la valeur du serment quand il est dépouillé de tout appareil religieux et deux passages du Talmud trop dégoûtans pour être rapportés en langue vulgaire.

296. (*Lyon.*) On a parlé dans cette ville d'un nouveau catéchisme différent de celui de l'Empire qui y serait clandestinement distribué. L'Inspecteur de la Librairie est à sa poursuite.

(1814). 1, 7. *Plaintes et complaisances de l'amour divin.* Voici le rapport que m'en fait M. Tabaraud :

« J'y ai remarqué des germes de quiétisme qui ne me paraissent propres qu'à
» entretenir l'illusion de quelques faibles imaginations. Les livres de cette espèce
» qu'aujourd'hui on affecte de substituer aux instructions solides ne sont bons
» qu'à faire des illuminés. Ils ne sauraient mériter l'assentiment d'un théologien
» qui connaît et respecte la dignité de la religion. Aussi crois-je qu'il ne doit pas
» être imprimé. »

Je partage l'opinion du censeur.

Morale.

250. (*Rouen.*) Les rapports de l'Inspecteur de la librairie font connaître que la plus grande partie des abonnemens aux cabinets de lecture de l'arrondissement sont pris par de jeunes filles appartenant aux classes mitoyennes et inférieures de la société. Les catalogues de ces établissemens se composent presqu'uniquement de titres de romans ou d'ouvrages excessivement licencieux, et l'inspection des registres prouve que les livres les plus licencieux sont toujours les plus recherchés : enfin, les membres du Bureau de bienfaisance de Rouen ont remar-

qué que les filles du peuple qui recouraient à eux et portaient des signes non équivoques d'inconduite, avaient presque toutes été corrompues par ces lectures dangereuses.

2 5 1. (*Orléans.*) Les mêmes rapports sont venus d'Orléans. Une dame de charité portant des secours à domicile, fut fort étonnée de trouver de semblables livres dans les réduits de la misère. *Que voulez-vous, ma bonne Dame,* lui répondit-on, *ils nous sensibilisent le cœur.* Une surveillance exacte que le Directeur général de la librairie s'occupe à organiser, remédiera en partie à ces inconvéniens. Les bienfaits de l'instruction si généralement répandus par Sa Majesté, ne seront plus tournés en poison, et l'arbre de la science cessera peu à peu de porter des fruits de mort.

Espagne.

1 26. Un petit poëme intitulé : *La Destruction de l'Inquisition.* Le poëte attribue ce bienfait à son véritable auteur et en tire de favorables conséquences à l'établissement de la dynastie napoléonienne en Espagne.

224. Le second volume de l'ouvrage intitulé : *Abrégé de l'histoire romaine,* dont il a été question dans le dernier bulletin. On en a fait retrancher deux réflexions tirées de Rollin sur la guerre des Romains en Espagne, qu'on n'aurait pas dû choisir pour les publier à l'époque présente, si ces sortes de travaux se faisaient avec le soin et le discernement qu'exigerait leur importance.

227. (*Rouen.*) On a saisi dans cette ville par ordre du Directeur général de la Librairie des exemplaires espagnols des manifestes de la Junte insurgée de Valence qui y avaient été introduits avec divers autres livres provenant d'une prise anglaise.

3 20. Un journal intitulé : *Journal historique de la révolution de la partie de l'Est de St. Domingue commencée le 1 0 août 1 808 avec des notes historiques sur cette partie,* par Gilbert Guillemin, chef d'escadron attaché à l'état major de l'armée de St. Domingue. Cet ouvrage a été imprimé à Philadelphie en 1 8 1 o. Il est dédié à Son Excellence le Ministre de la marine. Il est écrit dans un bon esprit et propre à honorer la garnison française de Santo Domingo ; mais il contient un grand nombre de pièces émanées des révoltés espagnols qu'il serait inconvenant de publier en France. De ce nombre sont une invocation (*sic*) pastorale de D. Juan Aris mendi, évêque de Portorico ; un appel aux habitans de Santo Domingo, et une proclamation du marquis de Someruclos, capitaine général de Cuba. Dans ces pièces on abuse des événements de Rome, de Bayonne et de Madrid pour exciter le fanatisme du peuple contre la personne sacrée de l'Empereur et contre la France. On représente l'Angleterre comme le bouclier de l'humanité affligée, et les insurgés espagnols y sont appelés les libérateurs des nations. Le retranchement de toutes ces pièces a été jugé indispensable ; mais on a pensé de plus qu'il fallait que l'ouvrage fût retouché avant que de paraître, afin qu'il ne parût point mutilé et que sa publication pût produire un véritablement bon effet. Ce travail va être fait, et il sera examiné de nouveau avant que l'impression soit commencée.

Italie.

5. *Scelta d'alcune poesie liriche di G. Mollo de' Duchi di Luschano*, Editeur M. Petroni, romain, auteur de la Napoléonide. L'examen conduit à faire retrancher de ce choix quelques pièces en l'honneur de différens princes de la maison ci-devant royale de Naples, et quelques imitations de psaumes qui pourraient prêter à des allusions relatives à la conduite du Pape et à la réunion des États romains.

7. (*Turin.*) L'examen ordonné des sonnets et pièces de poésies qui paraissent incessamment en cette ville, a prévenu la publication intempestive de plusieurs de ces petits poëmes où, à l'occasion des fêtes de Saint Pierre *in vincula* et de St. Jacques, on avait semé des allusions relatives au Pape et aux révoltés d'Espagne. Le Préfet du Pô rend compte en détail de ces suppressions au Directeur général de la Librairie par sa lettre du 18 Sept. Ainsi, les bons effets du règlement du 5 Février 1810 se font sentir sur toutes les parties de l'empire, et sur les objets en apparence les moins dignes d'attention.

43. (*Turin.*) L'examen des Almanachs pour 1811, par le Préfet du départ. du Pô, continue à produire des suppressions qui tendent à prévenir la dépravation de la morale publique et la déviation de l'opinion du peuple sur des points importans. Sa lettre du 1er Octobre en fait foi.

71. (*Turin.*) M. le Préfet du département du Pô par sa lettre du 2 Octobre invite le Directeur général de la Librairie à suspendre la permission pour l'introduction en (pays) français du journal publié à Milan sous le titre de *Corriere Milanese*. Il observe que ce journal n'est pas assez surveillé et copie avec trop peu de choix les gazettes allemandes. Il transmet deux numéros contenant des articles qui tendent à faire croire que la paix du continent est près d'être troublée.

72. (*Turin.*) Le 5 Octobre, on a saisi à Turin d'après les instructions du Directeur général, des livres de prières imprimées en contravention du décret du 7 Germinal an 13 et n'offrant par conséquent aucune garantie qui pût répondre qu'ils seront rédigés conformément à nos maximes nationales.

Le Préfet, continuant la correction des almanachs, en a purgé plusieurs de divers pronostics politiques inconvenans et dangereux. L'année prochaine, on espère pouvoir diriger la confection de ces ouvrages. Cette année on les empêche de nuire, alors on tâchera de les rendre utiles. Des ouvrages qui s'impriment à des millions d'exemplaires ne peuvent laisser l'autorité indifférente sur ce qu'ils contiennent.

132. Un Manuscrit intitulé : *Raccolta di rime sacre e profane dell' abbate Anton. Benigno Galli.* Ce recueil contient tout ce que l'auteur a composé dès sa première jeunesse : il y a du très mauvais et du médiocre. Ce sont, pour la plupart, des traductions de psaumes, des hymnes et des sonnets pour solenniser la fête de quelques saints. Une telle collection doit se ressentir et se ressent en effet des changemens politiques qui ont eu lieu en Italie. Le bon abbé a dit selon les tems, comme le Sage de Lafontaine, vive le Roi, vive la ligue. Quand les Autrichiens dominaient, les Français étaient des brigands; mais quand ils étaient vainqueurs, l'abbé Galli chantait l'Empereur. Le Directeur général de la Librairie a

ordonné que l'on mît l'auteur d'accord avec lui même en faisant disparaître tout ce qu'il avait composé dans le tems contre les Français.

200. (*Turin.*) M. le Préfet du départ. du Pô par un rapport du 14 du courant (Nov.) expose que le *Journal du Département de Ceresio, Royaume d'Italie,* est une feuille extremement dangereuse qui paraît avoir conservé l'ancien esprit de la gazette de Lugano qu'elle remplace, gazette qui se distinguait par son opposition aux vues du Gouvernement français. Par décision du 23, le Directeur général de la Librairie a révoqué toutes les permissions qu'il avait données pour l'introduction de ce journal.

217. Un Manuscrit intitulé : *Sopra la vita, le opere e del sapere di Guido d'Arezzo, restauratore della scienza e dell' arte musica,* par M. Angeloni. L'auteur cherche à démontrer que Guido d'Arezzo est le véritable fondateur de la musique moderne ; il soutient que la langue italienne est la seule des langues modernes qui soit musicale, et il attaque vivement les partisans de la musique française et ceux qui soutiennent que le Français est susceptible d'harmonie et de mélodie. Tout cela est très innocent, mais un petit trait d'humeur de l'auteur a paru nécessaire à retrancher. Il se plaint de l'oubli où l'Empereur laisse les littérateurs italiens, qui, selon lui, n'ont besoin que d'être encouragés pour surpasser la littérature de tous les pays et de tous les siècles : il se plaint également des récompenses prodiguées au moindre écrivain français. Ces plaintes sont injustes et démenties par les faits; l'Empereur n'a pas été moins libéral pour les Muses italiennes que pour les Muses françaises, et si M. Angeloni a été oublié, *si tout son mérite exposé fort au jour,* pour parler comme Trissottin, *n'attire point les yeux et les dons de la Cour,* c'est probablement sa faute.

255. Un ouvrage intitulé : *Histoire de la République de Venise, dédiée au prince Vice-roi d'Italie,* par M. Le Beaumer. Cet ouvrage présente un résumé bien fait, utile et substantiel de tout ce qui a été écrit sur l'histoire de Venise. Quand l'auteur n'est pas soutenu par son sujet, il ne sait pas se garantir de tomber dans la sécheresse et l'aridité; mais il se soutient quand il est question de parler des époques et des évènemens importants. Il a traité fort succinctement, mais d'une manière fort convenable, le récit de la première conquête de Venise par les armes de S. M. On y voit la juste punition d'un gouvernement faible et malhabile, qui avait laissé pénétrer les Autrichiens dans Peschiera et souffert le massacre des malades français dans Vérone.

265. L'ouvrage dont le Directeur général de la Librairie a suspendu l'impression est la traduction d'un ouvrage italien intitulé : *Dernières Lettres de Jacq. Ortis.* Dans le même instant, et sous différens titres, deux traductions de ce livre ont été soumises à la Censure. Deux censeurs différens ont été chargés de leur examen, et tous deux ont conclu, sans s'être concertés, qu'il n'était pas convenable d'en permettre l'impression. Les lettres de Jacques Ortis sont une composition romanesque qui offrent la contr'épreuve des Souffrances du jeune Werther. Mais ici, au délire d'un amour malheureux se joint une sorte de frénésie politique. Ortis est un jeune Vénitien, élevé à l'Université de Padoue, qui ne veut survivre à l'indépendance de sa patrie que pour la venger ou la délivrer. Le traité de Campo Formio excite sa rage; il rugit de vengeance. Il est nourri dans son fana-

tisme par un vieillard fugitif encore plus forcené que lui. En un mot, la partie romanesque du livre est très propre à pervertir les imaginations, et la partie politique à faire des mécontens. Il ne tend qu'à représenter la domination française comme une insupportable tyrannie et à exciter tous les peuples qui y sont soumis au soulèvement et à la révolte.

(1814.) 1, 2. *Analyse raisonnée des Systèmes de l'incrédulité et de l'athéisme,* par M. Palmieri, 6e volume. Si l'auteur s'était borné à traiter les matières que présente son titre, il n'y aurait rien à lui dire; elles offrent des questions qu'on peut sans grand danger soumettre à l'opinion. Mais il y a indiscrètement mêlé des discussions tout autrement importantes; il traite de l'égalité, de l'indépendance des hommes, de l'organisation naturelle et politique des gouvernements; il agite la question de savoir si les conquêtes légitiment la souveraineté; il se jette dans les propositions politiques les plus délicates et les plus ardues et ne les discute ni ne les présente comme il conviendrait. J'ai pensé que dans les circonstances actuelles et chez un peuple inflammable comme les Italiens, il y avait du danger à l'occuper de ces sujets scabreux, et que si l'on ne défendait pas absolument l'impression, il y avait du moins lieu à l'ajourner indéfiniment.

Suisse.

64. *Un Tableau historique des anciens gouvernemens de Zurich et de Berne,* par un Suisse. On avait laissé percer dans cet ouvrage des regrets trop vifs et un peu amers sur les changemens opérés en Suisse. On y donnait des éloges outre mesure aux hommes qui ont soutenu l'ancien ordre de choses, et entr' autres à M. d'Erlach, mort les armes à la main. Le Directeur général de la Librairie a exigé que l'on retranchât tout ce qui pouvait faire penser que l'acte de médiation n'avait pas rendu aux Suisses un régime intérieur aussi bon pour le moins que l'ancien, et tout ce qui pouvait respirer l'esprit de parti.

Belgique.

249. (*Bruxelles.*) Le Préfet, par ordre du Directeur général de la Librairie, a suspendu l'impression d'un ouvrage intitulé : *Monumens anciens essentiellement utiles à la France,* ou *Provinces du Hainaut,* etc. Cet ouvrage était imprimé en contravention aux règlemens de l'imprimerie : il doit de plus être examiné. C'est une compilation de priviléges et de généalogies dont il est possible que la publication soit jugée intempestive.

Hollande.

276. Un manuscrit intitulé : *Courte introduction à la Grammaire hollandaise* par un Pasteur de Zevenhoven qui prétend que les Hollandais lui en veulent, parce qu'il est trop français par inclination et par goût. Tout ce qui tend à promouvoir la connaissance de la langue française dans les pays nouvellement réunis paraît digne d'être encouragé.

202. (*Bois-le-Duc.*) M. le Préfet du départ. des Bouches du Rhin par son Rapport du 12 courant (Nov.), donne son avis sur l'introduction des journaux hollandais sur le territoire francais; il observe qu'avant la réunion de la Hollande à l'Empire, les papiers publics étaient assez généralement écrits dans un esprit

d'opposition. Il ajoute qu'aujourd'hui ils sont plus modérés et que la surveillance exacte qu'exerce sur eux S. A. S. le Prince archi-Trésorier de l'Empire, contribue à les retenir; que cependant dans ces derniers tems encore, on y a remarqué des nouvelles politiques dont l'insertion était au moins une indiscrétion; enfin M. le baron Fremin de Beaumont finit en déclarant qu'il n'y a qu'un seul papier hollandais de l'esprit duquel il voulût répondre, qui est le Courrier d'Amsterdam.

Angleterre.

76. Le second volume d'un Voyage aux Indes orientales pendant les années 1802-1806 par M. Coube (?), chef de bataillon. .....Les détails nautiques et militaires contenus dans cet ouvrage peuvent être publiés sans inconvénient. On peut y reconnaître que les Anglais ont acheté plutôt qu'ils n'ont conquis l'île hollandaise de Colombo, il y a quelques années. Il est toujours bon de constater de quelle manière triomphent les armes britanniques.

166. *Mémoire sur le meilleur mode, pour le Gouvernement espagnol, d'obtenir un revenu considérable par la culture du tabac,* par M. Coffin. Les retranchemens portent sur quelques éloges inconvenans donnés à l'Angleterre en faveur de la liberté illimitée du Commerce.

194. *Lettres sur le Gouvernement, les Mœurs et les usages de Portugal,* traduites de l'anglais d'Arthur William Cortigan, officier Irlandais. Le Censeur, M. Pellenc, avait entrevu dans cet ouvrage un ton général tendant à ridiculiser la religion de la grande majorité des Français et une tendance à détruire le respect dû à l'autorité. Il a paru au Directeur général de la Librairie que l'auteur ne tournait en ridicule que l'abus qu'il prétend que les Portugais font de la doctrine religieuse, les miracles puérils et imaginaires auxquels ils ajoutent foi, leurs pratiques et les (*lisez* leurs) croyances superstitieuses, qui sont bien loin d'être celles de l'Eglise catholique, et leur dévotion toute extérieure. Il s'est contenté de faire retrancher quelques phrases trop directement applicables à des dogmes reçus et il a surtout prescrit la suppression de quelques passages qui respiraient le républicanisme et la haine de la monarchie.

Mais il ne s'est pas contenté de ces corrections; il a exigé que dans une préface bien anti-britannique, le traducteur fit ressortir le contraste qui existe entre le mépris que les Anglais ont en toute occasion professé pour les Espagnols et les Portugais, et la conduite qu'ils affectent de tenir depuis ces dernières années. Il a exigé encore que quelques notes indiquassent combien le court séjour des Français en Portugal y avait déjà opéré d'améliorations. Tout cela a été exécuté et bien exécuté sous la conduite de M. Pellenc.

L'ouvrage au fond tenant du roman et du voyage est une satire continuelle de l'état du Portugal dans le dernier siècle, où ni les choses ni les personnes, ni les expressions ne sont ménagées. Tout cela sert à montrer la nécessité d'un changement, l'hypocrisie des Anglais qui veulent soutenir ce qu'ils blâmaient anciennement, la bienfaisance des desseins de l'Empereur qui cherche à établir partout un système plus conforme à la dignité de l'homme, au bonheur des peuples et au maintien des états.

221. Un Manuscrit anglais intitulé : *Poetical effusions on various occasions* by

G. Poppleton. On a supprimé ici quelques lignes qui faisaient allusion à l'évasion d'un Anglais prisonnier à Verdun.

236. Un Manuscrit intitulé : *Histoire civile et anecdoctique de la Grande Bretagne*. Cette compilation sans mérite est évidemment le résultat d'une spéculation. On y retrouve ressassées de vieilles et fades anecdotes sans autorité et sans intérêt. Les retranchemens qu'on y a exigés sont de deux sortes. Les uns concernent quelques comparaisons déplacées des usages français et des usages anglais et tendant à préconiser la supériorité des derniers ; les autres consistent (*sic*) en quelques raisonnemens sophistiques et quelques anecdotes qui blessent les lois et la décence publique.

243. Une brochure intitulée : *Maximes générales d'un bon Gouvernement suivant les opérations économiques et politiques de J. B. Colbert*, par M. de Pellissery. Cet écrit renferme quarante préceptes de législation et de politique dont la plupart sont incontestables. Néanmoins on a cru devoir en faire disparaître quelques phrases contraires à la liberté des cultes, et à la supériorité que la puissance maritime donne, selon l'auteur, aux états qui la possèdent, sur les états dont la puissance ne s'étend que sur le continent.

283. Un ouvrage intitulé : *Voyage dans la Péninsule occidentale de l'Inde et dans l'isle de Ceylan*, par M. J. Haafner. Traduit du hollandais par M. Jansen. Ce voyage n'offre aucune observation nouvelle sur les choses et rien qui ait un caractère d'intérêt public dans les évènemens qu'il retrace. M. Haafner raconte ses aventures personnelles : quelquefois elles paraissent romanesques ; elles sont toujours intéressantes. Il se passionne pour les Indiens ; il déclame sans ménagement contre les Européens, mais c'est surtout contre les Anglais qu'il éclate ; il cite d'eux des traits épouvantables, et sous ce rapport cet ouvrage ne manque pas d'une sorte d'utilité : il peut contribuer à désabuser les dupes qui croyent encore sur le continent à la philanthropie des Anglais.

293. (*Rouen.*) L'Inspecteur de la Librairie mande que le Gouvernement anglais a fait jeter dernièrement sur la cote d'Antifer, arrondissement du Havre, des libelles ayant pour objet d'établir que la rupture des négociations pour l'échange des prisonniers a été l'ouvrage de la France. Ce fonctionnaire est à la recherche de ces libelles et rendra ultérieurement compte de ses opérations à cet égard.

Allemagne.

1. Le 26 du courant (septembre), l'examen de l'ouvrage intitulé : *De l'Allemagne*, par Mad. de Staël, 3 vol. in 8°, a été terminé.

Cet ouvrage est divisé en quatre parties.

La première traite des mœurs des Allemands et de leurs gouvernements ; la seconde, de leur littérature et de leurs arts ; la troisième, de leur philosophie, de leur morale et de leur enthousiasme religieux, philosophique ou poétique.

Le Censeur de la première partie de Madame de Staël, M. Pellenc, après avoir observé en passant qu'elle a souvent médit de la France dans les pays étrangers, qu'elle s'est signalée en toute occasion par son esprit frondeur et qu'elle écrit en partie sous l'inspiration de M. Schlegel, qui s'est déclaré le détracteur de la littérature française, divise son rapport en différens paragraphes. Il relève d'abord les phrases repréhensibles, ensuite les allusions ou certaines ou probables; enfin, les passages qui sont décidément susceptibles d'une véritable censure.

Il résulte du rapprochement des phrases repréhensibles qu'elle s'efforce de représenter la France comme gémissant sous un régime qui tend à dérober à la nation la connaissance de l'esprit du siècle, et qu'elle insiste sur les suppositions injurieuses qui ont si souvent fait méconnaître dans l'étranger les principes libéraux du gouvernement de Sa Majesté. En voulant donner de la France une fausse opinion, en abdiquant la gloire de sa patrie et accordant aux Allemands la supériorité de l'instruction et de la pensée, elle semble avoir pour but de démentir tout ce qu'a fait l'Empereur pour l'encouragement des lettres et des arts. Ses réticences indiquent les Français comme asseyant l'art de la domination sur le dol et la fraude, comme privés de toute liberté et même de tout bonheur civil.

L'Autriche n'est pas mieux traitée. Elle s'est toujours montrée ambitieuse ou faible. Mauvais gouvernement. Bêtise des individus. Orgueil sans honneur. Peuple qui donne plus aux sensations qu'aux idées. Grands qui manquent d'esprit et que l'esprit importune : famille régnante, souverain, entièrement nuls.

La recherche des allusions en présente quelques-unes qu'on peut appliquer sans trop d'efforts aux circonstances qui ont précédé et suivi le mariage de LL. MM. II. et RR. Le mauvais esprit de l'auteur y perce de toutes parts. Trois autres passages assez clairs indiquent l'opinion qu'elle a ou qu'elle feint d'avoir de l'instabilité des institutions fondées par Sa Majesté.

Les passages tout à fait du domaine de la censure renferment des conseils plus ou moins directs donnés à l'Allemagne contre la France. On y trouve que les Allemands ont trop de considération pour les Français, et pas assez d'esprit militaire; qu'ils ont trop d'indifférence pour l'indépendance et la liberté, et qu'ils ont eu tort de négliger leur puissance nationale, qu'il importait de fonder parmi les colosses européens. On leur reproche d'avoir mal résisté, et on leur fait entendre que le bien-être matériel dont ils se contentent est incompatible avec l'honneur national et le vrai patriotisme, et qu'il est d'ailleurs mal assuré. Mme de Staël invite les étrangers à résister à l'ascendant de nos manières, plus redoutable, selon elle, que celui de nos victoires. Elle blâme sans mesure le partage de la Pologne, et semble annoncer ou prévoir l'indépendance de ce pays. Elle loue le caractère noble et exalté des Prussiens et l'héroïsme du prince Louis; en un mot, elle trahit sans cesse, et sans s'en apercevoir, ses affections, ses vœux et ses regrets.

Sur la seconde partie, le censeur, M. de la Salle, qui remplaçait M. Pellenc, absent par congé, expose qu'elle est uniquement consacrée à l'examen et à l'analyse des principaux ouvrages dramatiques et historiques des auteurs allemands modernes, tels que Schiller, Lessing, Gœthe, etc., etc., que cette analyse est faite avec un enthousiasme qui indique plus d'imagination que de goût et de jugement, et qui paraît plus singulier que persuasif; que le style vise à la force et à la profondeur, mais qu'il tombe souvent dans le pathos et dans la bizarrerie, et que si l'on rencontre dans cette partie quelques observations fines et des aperçus ingénieux, le plus souvent les pensées, les principes, les remarques et les jugemens sont superficiels et peu concluans : enfin que la connaissance acquise du caractère et des opinions de l'auteur fait apercevoir dans cette partie de l'ouvrage des idées dont le développement pourrait être dangereux, mais que cette empreinte vague ne pouvait être saisie dans un passage plutôt que dans un autre.

Sur la troisième partie, le censeur, qui est le même, fait connaître que l'auteur prétend l'avoir consacrée à l'examen des ouvrages de métaphysique et de morale publiés par des Allemands, mais qu'il a dans le fait embrassé tous les systèmes de philosophie. Il y trace assez nettement le fameux système de Kant, mais toutefois cette partie manque de méthode et de logique. Les détails en sont brillans, mais le fonds en est vague et une incertitude perpétuelle d'opinion y domine. Le censeur y relève des passages répréhensibles. La liberté morale y est représentée comme dépendant de la liberté civile, et l'on sait ce qu'entend l'auteur par la liberté civile. Le respect pour le gouvernement et l'attachement pour le souverain y sont travestis en respect pour la force et en attendrissement de la peur. Le Christianisme y est loué pour la force d'inertie qu'il inspire et surtout l'énergie du refus. On y établit qu'il y a plus d'honneur à porter les armes dans une guerre civile que pour la défense et le service de son prince ; l'obéissance passive pour le gouvernement y est reproché aux chrétiens. Enfin, on y suppose que la grandeur de la France, si l'esprit de calcul continue à prévaloir parmi nous, ne laissera que des traces terribles comme les flots et arides comme les déserts.

La conclusion des censeurs est que les phrases répréhensibles sont la plupart isolées, et que toutes ne sont pas absolument nécessaires à modifier ou à retrancher ; que l'ouvrage de Mme de Staël, s'il n'est pas imprimé en France, paraîtra infailliblement dans l'étranger, et que les phrases dangereuses qu'il renferme et les mauvaises intentions qu'on a pu y cacher n'en auraient que plus de succès, lorsqu'on saurait que cet ouvrage s'est comme réfugié dans sa véritable patrie et dans les imprimeries allemandes pour échapper à la censure française : leur avis est donc que la publication de l'ouvrage pourra être permise, si l'auteur se soumet à changer ou à retrancher les passages qui lui seraient indiqués.

Le Directeur général de la Librairie ayant appris que Son Excellence le Ministre de la Police générale avait fait saisir les feuilles imprimées de l'ouvrage, a suspendu sa décision. L'examen de l'ouvrage n'était pas terminé quand la saisie a eu lieu.

52. Un ouvrage allemand intitulé : *Roue de fortune.* Ce n'est qu'une réimpression d'une ridicule composition sur les chances du hasard et divers pronostics.

57. *Histoire de St. Grégoire de la Pierre.* Réimpression d'une légende allemande, sans inconvéniens et sans couleur, propre seulement aux dernières classes de la société.

58. *Histoire de Sigfried le Cornu.* Ouvrage du même genre, innocent et plat.

65. *Prières et Cantiques en allemand.* C'est une réimpression qu'on proposait de faire purement et simplement. Le Directeur général de la Librairie a ordonné qu'on en retranchât tout ce qui concernait l'ancien empereur d'Allemagne et qu'on y insérât les prières pour l'Empereur. Il importe de mettre dans les dépar-

temens réunis les livres classiques et populaires en harmonie avec nos institutions propres (*sic*) à familiariser le peuple avec le nom sacré de l'Empereur et de Sa Dynastie.

201. (*Mayence.*) M. le Préfet du Départ. du Mont Tonnerre, par un rapport du 2 du Courant (Nov.), rend compte de l'examen qu'il a fait faire par ordre du Directeur général de la Librairie de six ouvrages allemands dont l'introduction était demandée et dont le titre avait appelé particulièrement l'attention. Quatre se trouvent sans reproches. Le cinquième intitulé : *Amour et Hymen* ou *les plaisirs du célibat*, imprimé à Berlin, est peu favorable aux bonnes mœurs. Il sera examiné plus scrupuleusement à Paris. Mais le 6ᵉ intitulé : *Chronique du 19ᵉ siècle*, et imprimé à Altona, a été reconnu pour un véritable libelle contre la personne sacrée de Sa Majesté et la France. On y rapporte les faits des plus mémorables des dernières campagnes et les propres termes des bulletins officiels, mais en les commentant avec amertume et dans un esprit de noire calomnie. Le Directeur général de la Librairie a ordonné la saisie de tous les exemplaires de cet ouvrage qui seraient présentés aux frontières.

209. Une traduction par M. Grétry neveu des *Fables allemandes de Lessing*. Cette traduction dédiée au grand David Humfort (*sic*) est écrite en vers. C'est un ouvrage fort médiocre d'exécution et qui ne paraît pas avoir été fortement conçu par le dramaturge Lessing, que les Allemands gratifient fort ridiculemènt du titre de Boileau Germanique.

232. Une nouvelle édition de la Traduction des *Deux fiancés*, roman traduit de l'Allemand d'*Auguste Lafontaine*. Cet ouvrage en 5 vol. in-12, offre une nouvelle épreuve de ces tableaux de famille que le pasteur romancier du régiment de Halle tourne et retourne en cent manières.

298. (*Weymar.*) Le célèbre Gœthe, auteur de Werther, le J. J. Rousseau de l'Allemagne, écrit au Directeur général de la Librairie en date du 25 Novembre que comme homme de lettres, il a vu avec un intérêt mêlé d'admiration les sages règlemens par lesquels le héros qui fait le bonheur de la France a pourvu à la propriété des auteurs nationaux et étrangers, et exprime le vif désir qu'il a de profiter des avantages que l'article 40 du Décret du 8 Février 1810[1] assure aux écrivains étrangers à la France.

(1814.) 2,3. *Sindall et Annesly ou le faux ami*. Roman traduit de l'allemand. Sans vraisemblance comme sans Intérêt, rempli jusqu'à satiété de maximes triviales et de ces détails insipides que les Allemands sont habitués à prendre pour du naturel, et que nos écrivains, je ne dis pas nos auteurs, s'empressent de copier faute de talent et d'imagination. La traduction est devenue un métier et celui de tous qui nuit le plus au maintien du goût.

---

1. Le décret porte :

Art. 39. Le droit de propriété est garanti à l'auteur et à sa veuve pendant leur vie, si les conventions matrimoniales de celle-ci lui en donnent le droit, et à leurs enfans pendant vingt ans. — Art. 40. Les auteurs, soit nationaux, soit étrangers, de tout ouvrage imprimé ou gravé, peuvent céder leur droit à un imprimeur ou libraire, ou à toute autre personne qui est alors substituée en leur lieu et place, pour eux et leurs ayant-cause, comme il est dit à l'article précédent.